40
Tokyo
Old House
Cafes

东京咖啡店的历史与味道

在40座古建筑里喝咖啡

[日]川口叶子 著　王筱卉 译

華中科技大學出版社
http://press.hust.edu.cn
中国·武汉
有书至美
BOOK & BEAUTY

前 言

近年来，因老朽而空置的建筑物接二连三地被改造成有魅力的咖啡馆，吸引了很多人的关注。

在咖啡馆的屋檐下，昔日建造房屋时缓慢的时光流速如音乐的余韵一般，依然回荡在空气中。访客们也许正情不自禁地倾听着悠扬的音韵，暂别日常喧嚣，享受着片刻的宁静吧！

不少人由衷地感叹，在瞬息万变的东京街头，竟然还残存着这么古老的建筑。通过为本书的采访，我了解到这些建筑并非侥幸残存，而是特意被保存下来的。

有这样一些人，他们竭尽全力也要留住镌刻着土地历史、家族记忆的重要建筑，并传给下一代。因此这些古建筑才免于被拆解，重生成为咖啡馆。

何为古建筑咖啡馆

古建筑的依据是日本文化厅对有形文化遗产注册标准所做的规定，即“建后达到50年的建筑”。

我还向日本古民宅再生协会进行了求证，他们的定义是“在1950年以前，

* 传统建筑法：日本自古传承下来的轴组建造法，不使用钉子等金属物，充分发挥木材本身的特性来组建柱子和房梁。（作者注）

采用传统建筑法[*]建造的家宅。”据说自从1950年日本《建筑基准法》出台以后，传统建筑法日渐式微，如今即便是有50年历史的建筑，也都是采用“在来建筑法”[1]建造的了。

综合以上信息，本书对古建筑咖啡馆的定义是“把建后50年以上的建筑改变用途或改造再生而成的咖啡馆。”所谓“改变用途”，是指在原本为其他目的而建的古建筑中，发现其作为咖啡馆的新价值，为其注入全新的生命力。

虽然同在东京都内，东部和西部的地域特色却大相径庭，古建筑咖啡馆展现出的风情也不尽相同。东有长屋、木材仓库改造的23区[2]内咖啡馆，西有养蚕农家、纺织工厂改建的多摩地区咖啡馆。一边是市井街巷，一边是山林野外，此时此刻您眼前浮现出这两种迥异的风景了吗？

在本书介绍的横贯东西的40家咖啡馆中，如果有哪家令您怦然心动，请一定前去探访一下。客人的光顾会让古建筑更加洗练、熠熠生辉。希望您能在心仪的咖啡馆里度过温和而静谧的咖啡时光。

川口叶子

1 在来建筑法：第二次世界大战以后，日本从西方引入的建筑方法，特点是在木材与木材的接合处使用金属加固，以便提升建筑的抗震性等。（本书无特别标示的注释均为译注）

2 23区：东京都三大构成区之一，也叫东京特别区、东京都心、东京都内等。另外两个构成区是多摩地区和岛屿地区。

目录

* 本书介绍的咖啡馆信息截至2019年2月有效，此后可能因疫情等原因有变动，请在光顾前登陆各官网、社交网站（SNS）等确认最新信息。

* 本书中的餐单价格分为含税价和不含税价两种，请在“menu”部分确认。

* 部分咖啡馆的点餐结束时间等同于闭店时间，部分则不是。

西部地区

MAP

东京古建筑中的咖啡馆地图

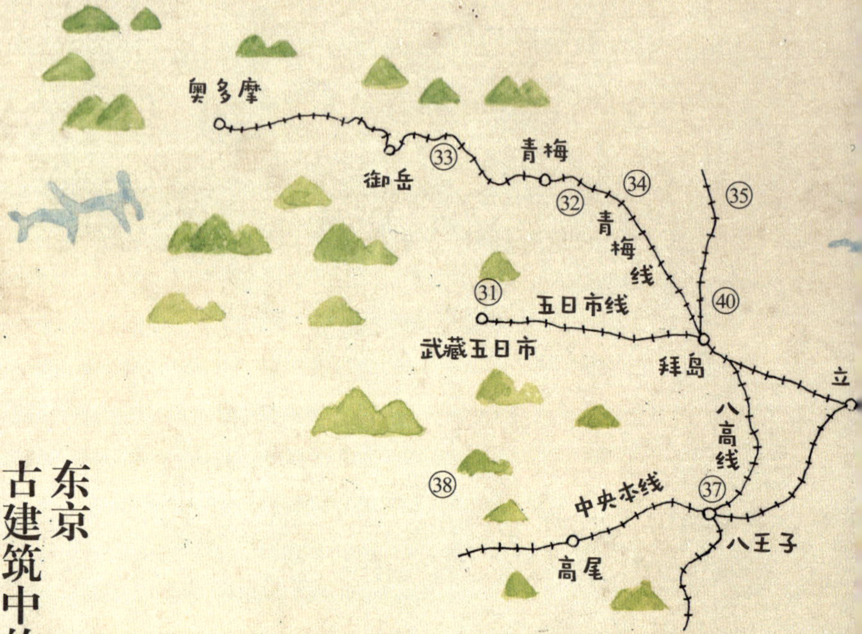

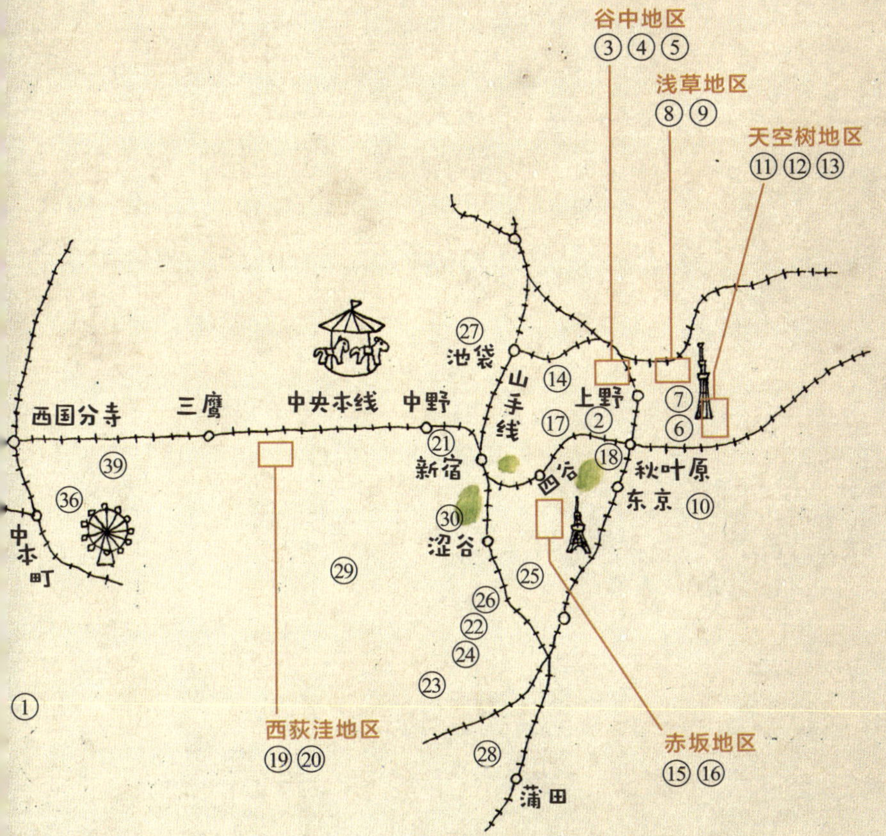
谷中地区
③④⑤
浅草地区
⑧⑨
天空树地区
⑪⑫⑬
池袋
山手线
上野
西国分寺
三鹰
中央本线
中野
新宿
秋叶原
东京
涩谷
蒲田
西荻洼地区
⑲⑳
赤坂地区
⑮⑯

1

旧白洲邸 武相庄

随处展现白洲次郎·正子夫妇审美意趣的草顶房屋

町田

白洲一家居住过的草顶房屋，主屋已作为博物馆开放

白洲次郎·正子夫妇的旧居“武相庄”是一座古民宅，坐落在竹林、花木掩映的山丘上，情趣盎然。“武相庄”一名，源于古日本的令制国武藏国和相模国交界处的地理位置，以及“无爱想”[1]一词的谐音。从后者也看出次郎先生独特的幽默风格。

次郎先生在剑桥大学留学期间，深受英国丹蒂主义[2]熏陶。其妻正子女士鉴赏力甚高，散文作品不计其数，被松冈正刚[3]评价为散发着“气度和刻薄”的气质。白洲夫妇在生活方面的审美意趣卓尔不群，是昭和时代[4]的一道风景，“武相庄”也因此成为当代古建筑改建再生的典范。

主屋原本是建于幕府末期[5]的养蚕农家。据说在1943年，白洲夫妇带着孩子，从东京的中心地区移居至此。当时，草顶房屋残损漏雨，地板也破败得不成样子。

左/文人们来武相庄做客时，也曾在这里把酒言欢吧！真让人浮想联翩啊！

右/博物馆的各种展品随季节更换，展现了昔日白洲夫妇的日常生活。

（右页）

左/各种体现白洲夫妇审美品位的日用器物令人目不暇接。

右/书房。看起来好像白洲正子刚刚还坐在书房里一样。

1 无爱想：日语词汇，与“武相庄”（ぶあいそう）发音相同，意思是冷淡、不客气。

2 丹蒂主义（dandyism）：19世纪初起源于伦敦社交界，是一种表现在举止和着装等方面的优雅和精致的态度，它彰显贵族的崇高性、不以世俗之人为人的傲慢，以及禁欲等方面的自我克制等。

3 松冈正刚（1944—）：日本实业家、文化学者、作家。

4 昭和时代：1926—1989年。

5 幕府末期：江户幕府统治的末期时代，通常指从1853年“黑船来航”事件到1868年戊辰战争爆发的时间段。

白洲正子在《鹤川日记》中写道：“百年历史的老房已经极为破旧，但地基和门窗倒还坚固，这里长年烧煤，梁柱都被熏出黑光，壁橱和拉门也充满年代的质感。我先从打磨顶梁柱开始修整。”

在邻居的帮助下，正子重新铺装了屋顶，在充分发挥建筑原有特色的同时，按自己的审美搭配家具。正子写道：“超过百年历史的农家已经住出成熟的味道，给人以扎根土地的安稳感……这种感觉可不是一朝一夕就能培养出来的，入住之后我才第一次有了切身感受。”

白洲夫妇去世后，长女牧山桂子和丈夫牧山圭男再次修缮了房屋，将主屋变成博物馆，2001年开始向公众开放。2014年，他们又修整了原来的养蚕室，即次郎先生的工作室和儿童房，并开了一家地道的咖啡餐厅。

圭男说：“房屋长久不住就会受损干燥，越来越不结实。”

“出版社的朋友们和正子热情的粉丝们都跟我说‘拆了太可惜’，索性将它作为博物馆开放，转眼已经18年。一年四季反复来参观的粉丝为数不少，可是总感觉仅仅作为次郎、正子的旧居意犹未尽，于是又开了这家餐厅。‘武相庄’记载着白洲夫妇与众不同的生活态度和日常点滴，有生活的地方总少不了柴米油盐，我希望光顾这里的朋友们也能一边享受美食，一边度过充实的时光。”

餐单中的每道菜都与白洲夫妇有所关联。白洲正子的厨艺仅限于烤吐司之类，可长女桂子则不同。为了满足丈夫和对味道十分挑剔的父母的口腹之欲，桂子做得一手好菜，连专业厨师都相形见绌，餐厅的菜品也由她来把关。

桂子在《白洲次郎 · 正子的餐桌》中写道：“有时候，妈妈清早就打来电话，用肉麻的声音说：‘图拉酱*，要一份散寿司呦。’”

午餐菜谱里的咖喱是根据正子哥哥提供的菜谱制作的。正子的哥哥在新加坡吃过这道菜后很喜欢，特意求教了做法。

“将洋葱、土豆、胡萝卜、芹菜、苹果炒1小时以上，炒出甜味后加水，用小火慢炖。使用的香料有小豆蔻、孜然、姜黄等，大约有十种。”厨师对我说道。据说咖喱盘里像小山一样高高堆起的卷心菜丝，是为了让厌食蔬菜的次郎好歹吃点蔬菜。

右/白洲夫妇去世后，从前的谷仓被改造成酒吧，里面陈设着各种与次郎有关的物品。

下/车库也成为咖啡馆的一部分。这是次郎80岁时依然驾驶的爱车——保时捷。

* 图拉酱是牧山桂子的爱称。（作者注）

右/咖啡馆内部。一楼的天花板被拆掉，改装成现在的梯井。

下/武相庄大虾咖喱（2100日元）和武相庄铜锣烧（1000日元）。

“次郎特别爱甜食，和式、洋式都来者不拒，他总在饭后大吃铜锣烧、日式馒头、冰激凌等。”

在厨房制作的铜锣烧面皮上，印着次郎烙在农具上的“武相庄”字样。馅料用的是日本国产红豆，当然也是自家制作。让我们学习次郎，在饭后一品铜锣烧的美味吧！

“正子经常说，‘日本文化从丰富的四季中孕育而出，因此形成了顺应自然的固有形态。’”圭男回忆道。在“武相庄”的四季里，圭男最喜欢哪个季节呢？

“四季各有特色，一定要选的话，还是新绿的季节。虽然在庭院里的‘铃鹿卡’石碑处也可以观赏到色泽艳美的红叶，可它在行将枯萎之际，总给人以濒临死亡的感觉。如此说来，还是绿意葱茏的5月到7月更好，有种不可阻挡的气势。”

维护茅草屋顶需要大笔费用。次郎去世后，孩子们曾打算把主屋改成瓦片房顶，却遭到正子的愤然反对："在我有生之年就要保持茅草顶。"

"长出苔藓的茅草屋顶看起来很美，却是开始退化的征兆。健康的茅草含有油分，会自动排斥水分，可劣化后的茅草反而吸收水气，引来虫子栖息。鸟儿为了啄虫子，在茅草上打洞，于是屋顶慢慢就被腐蚀了。"

眼前这个绿树掩映中的精致屋顶，是2006年底到2007年委托京都美山的工匠重新修葺的。在漂亮的屋顶下，正子的书房和次郎的沙发都被精心地保存着。我远望书房里那张几乎被书埋起来的桌子，仿佛看到奋笔疾书的正子充满"气度和刻薄"的背影。

桂子来到店里和我照面，我询问她现在还下厨房吗？

"早中晚三餐都做呢。从小到大，家里一直拿母亲当反面教材教育我(笑)。"

话虽如此，想必她判断事物的准确眼光，以及享受生活的方式，都是从父母那里遗传来的。在那个动荡的时代，白洲一家能够坚定地走出自己的路，或许也与这座稳稳支撑着日常生活的家宅密不可分吧！

咖啡馆的前身是养蚕室。

menu（不含税）

咖啡 600日元
红茶 600日元
芝士蛋糕 1000日元
意大利熏火腿 1000日元
次郎亲子盖饭 2100日元

旧白洲邸 武相庄

东京都町田市能谷7-3-2
电话：042-708-8633 *博物馆门票1050日元
午餐11:00—17:00（午餐15:00结束点餐、咖啡16:30结束点餐）
晚餐18:00—（20:00结束点餐）要预约
博物馆 10:00—17:00（16:30结束入馆）
周一休馆（节假日开馆），夏、冬两季有休馆
小田急线"鹤川"站下车，步行15分钟。

第1章

伫留在市井里的古建筑

街市里遗留的长屋、散发着花街余香的独门独院、面向河道的木材仓库……本章将介绍位于23区内的古建筑咖啡馆，同时也满怀期待地探寻佛堂、神龛等将祈祷空间设在家里的时代，以及它所留下的时代记忆。

23区内的古建筑咖啡馆

左/平野女士秉承“古旧之美则美，崭新之物则新”的准则，近年添置了巴卡拉水晶灯。

中/发黑的木牌诉说着木材商家的历史。

右/窗外就是神田神社。栏杆让人联想到神社格调高雅的佛堂。

2

井政咖啡（CAFE IMASA）

追忆始于江户时代的木材富商的生活与文化

神田

在毗邻神田神社的公园里，有一座黑色的宅邸，周身散发出不可思议的神秘气息，它就是千代田区有形文化遗产——远藤家旧店铺及住宅主屋。宅邸黑色的外墙上涂着被称为“江户黑”的灰泥涂料，其有出众的防火功能。

令人高兴的是，垂樱婆娑的庭院和一层的部分空间作为咖啡馆向公众开放。当我一边追忆自江户时代[1]延续下来的大商铺精粹，一边尽情品尝甜品的时候，我似乎感到几近灭绝的丰厚的古代文化在这座家宅里与当代的土壤重新连接起来。

穿过冠木门，驻足玄关前，一块别具风格的木牌跃入眼帘，上面写着“井政”。“井政”正是这里的商号。远藤家原本是镰仓市材木座的木材商，在德川家康修建江户城时受到召集，才迁到神田来。

右页/色调古朴的建筑外观。据说前代家主远藤达藏在着装上也偏爱黑、焦茶等深沉的色系。不过他外出时穿的短外罩却带有华丽的里衬，展现出“江户之子”的真髓。

1 江户时代：1603—1868年。

井政

作为咖啡馆开放的是经过复原的店铺土间[1]、账房，还有西侧的日式房间。空间里有展现屋久杉优美天然纹理的门窗，有镶着印花布的门窗和栏间[2]等，我如痴如醉地欣赏着它们细致入微的工艺。

实际上，这座房屋以1964年东京奥运会为节点，经历了多次时空旅行。店铺原本位于镰仓河岸日本桥川边的木材卸货场（即现在的内神田），1923年关东大地震发生后，那一带受灾惨重，于是远藤家花了3年多的时间重建此屋，直到1927年才竣工。房屋重建时不仅铺张使用了现已无从获取的珍贵木材，还请到了江户传统木工技艺的继承者们使出了看家本领。

重建后的家宅幸运地躲过了东京大轰炸，然而1964年东京奥运会和社会经济高速成长使城市面貌巨变。随着一座座混凝土建筑在远藤家周围拔地而起，家宅于1972年被迁至当时的材料仓库所在地——府中市。

远藤家前代家主远藤达藏在神田旧宅出生成长，他曾担任神田神社的信徒总代表，与神社渊源颇深。据说他怀有一个夙愿，那就是让家宅重返神田，传给后世子孙。

门框上部两角取圆，以胡麻竹镶边。

甜品套餐（800日元）

右页/作为咖啡馆开放的是店铺的前端。土间的地砖是泥瓦匠铺装的。

1 土间：古代日本民宅，特别是农家常见的空间，是居住者进入屋后可以穿鞋行走的空间，和现在的玄关有相似之处。土间多为水泥、瓷砖或混凝土地面，主要用途为放置锅灶做饭、修理农具、供买卖行商以及和邻居说话的场所等。

2 栏间：在和式房间的拉门和房顶之间的开口设计，主要用于通风、采光、装饰等。

材木商協同組合員

2008年，他的遗愿终于实现。在长女平野德子等人的努力下，家宅被指定为千代田区有形文化遗产，并移建至神田神社旁边。回忆起家宅和家族成员，平野女士这样说："现在回想起来，父亲和祖父都是典型的江户时代的人。虽然年表上划分时代可以'一刀切'，到这年为止是江户时代，从下年开始是明治时代，可是人们的日常生活不可能说变就变，江户时代积累的世情、风俗和各种习惯会自然而然地传承下去。这种延续确确实实地存在于这个家里。"

为这座珍贵的家宅完成第二次迁移工程的是以茶室建筑而闻名的京都中村外二工务店。

"远藤家以前的日用品、家具、艺术品都依照当时的样子展示在这里。"管理宅邸的非营利组织（NPO）工作人员告诉我。

"除了保护好古宅，我们还关注如何将江户文化传承下去，因此也非常重视逢年过节的传统民俗活动。"

在工作人员的带领下，我参观了需要预约的茶室和二层的和式房间。透过纸拉窗照进屋里的柔和光线、隐藏在暗影里的紫檀架、形似船底的天花板、杉木编成的天花板，还有用雾岛杉和屋久杉交替铺成的压竿天花板……我徜徉在这品位不凡的设计空间里久看不厌，乐而忘返。

"像桑木、桐木这样的日本木材，湿气过重会膨胀，干燥又会收缩。我们知道了木头这样的特性，为了保持房屋和家具的良好状态，做了各种努力。像紫檀、黑檀这样的贵重硬木，年头久了便会开裂。这个紫檀架子已经处理过多次了，只是最近掌握这种手艺的工匠越来越难找……"

上/二楼客厅布局规整。壁龛的装饰柱使用了京都北山杉的天然绞丝圆木。

右/茶室里的栏间上装饰着远藤家的家纹瞿麦花，壁橱表面贴着远藤达藏的半缠[1]布料。

1 半缠：一种传统的日式开身短上衣。

二楼窗边，阳光透过枝叶缝隙洒落下来。

● menu（含税）

咖啡 600日元
柠檬水 600日元
茉莉花茶 600日元
薄荷茶（壶装）700日元
甜品套餐（附壶装茶）900日元

● 井政咖啡（CAFE IMASA）

东京都千代田区外神田2-16
宫本公园内（神田神社旁边）
非营利组织（NPO）神田家“井政”（将门冢保存会会长旧宅）
电话：03-3255-3565 营业时间：11:00—16:00
不定期休息 ※来店前请登录官网确认营业时间
JR或东京地铁，“御茶水”站下车，步行5分钟。

不管怎么说，在东京再次迎来开发大潮的时候，不遗余力地复兴这座散发着江户余香的珍贵建筑意义重大。

“江户文化云云，听上去似乎不好理解。其实，我们只希望人们在这木香荡漾的空间里放松身心，同时也能对先祖生活的时代有所感悟。在那个时代，神佛就存在于日常生活和自然里，人们都朴实而虔诚地合掌敬拜。”工作人员说。

听说新春之际，这里将举行再现江户街道灭火技艺的演出，现场演唱灭火号子，表演登云梯绝技，一定得去看看！

3

上野樱木ATARI

由昭和初期的家屋改造而成的三连间综合设施

“花如云缥缈，何处钟声听入耳，上野或浅草？”这首有名的俳句出自松尾芭蕉[1]，句中的“上野”指的是宽永寺。春天满开的樱花如云朵般遮天蔽日，当悠扬的钟声从远处传来，空气随之舞动起来。

由三座古建筑再生而成的“上野樱木ATARI”，就坐落在距离宽永寺步行5分钟的地方。

这是1938年建造的2层木结构住宅，三间排列紧凑的小屋将绿意盎然的庭院夹在中间。这样的布局复活了单座住宅无法实现的昭和风的市井风景，实在妙不可言。

2号楼。前面是小店“盐和橄榄”，店头摆着世界各地的橄榄油和盐。里面是面包店“VANER”。

1 松尾芭蕉（1644—1694年）：日本江户时代早期的俳句诗人，有“俳圣”之称。

左上/ “VANER”面包店的操作间镶着大玻璃，客人可以观赏到制作面包的全过程。

左下/ 在庭院里品尝“盐和橄榄”店内的橄榄拿铁（600日元）和“VANER”店内的牛角面包（500日元）。

右上/ 用酸面团制作的法式乡村面包和小豆蔻面包卷备受好评。

右下/ 被刚出炉的面包香味吸引来的“客人”。

每到冬天，加满木炭的火盆在小巷里一字排开，客人可以从1号楼的精酿啤酒店——谷中啤酒馆买来下酒菜，享受边烤边吃的乐趣。难怪总有上年纪的客人喜笑颜开地感慨道：“嘿，真是久违的亲切啊！”

谷中啤酒馆的负责人吉田瞳说：“周围还有不少像这样的老房子，可是因为维修管理费太高，据说大多传到第三代就拆掉改建停车场了。”

这三座古建筑的所有者冢越商事也曾考虑过改建停车场的事，所幸他们得到了非营利组织（NPO）台东历史都市研究会、位于上野的东京艺术大学，以及当地居民的援助。2015年，房屋作为街巷里的平民小店重新活跃起来。

上/谷中啤酒馆内。

左/谷中啤酒馆的墙上装饰着改建时从榻榻米下面发现的昭和三十年代的报纸。

右/谷中啤酒（600日元）和下酒小菜（750日元）。小菜的食材选自丰洲市场和筑地场外市场。午餐中的谷中家那不勒斯风味意大利面、乌冬面、咖喱等都很受欢迎。

房屋修缮前后耗时一年半，工程包括将倾斜的部分用千斤顶托起纠偏等。完工以后，连接街巷和庭院的2号楼里进驻了“盐和橄榄”和“VANER”两家店。前者专卖世界各国的盐和橄榄油，后者是面包店，店主曾在北欧的烘焙店学习，制作面包的小麦均产自挪威。带茶室的3号楼以前是房东的住处，现在作为举办交流会、茶话会的公共活动空间使用。

“3号楼在改建前的最后几年一直是合租房，有包括外国人在内的好几个人共同居住。曾有位女性客人来到店里，自称‘以前住在这儿’。她来自纽约，十分热爱日本文化。”

上/从1号楼到3号楼都是平民小店，男女老幼皆宜。

左/1号楼二楼的和式房间。

吉田很喜欢爬上残留着昔日旧貌的楼梯，从二楼窗口眺望中庭。因为充满整个视野的宛如昭和时代的风景，总会激起她内心浓浓的怀旧之情。让我们一起透过精酿啤酒的雪白泡沫，遥想那响彻樱云之空的宽永寺的钟声吧！

menu

〈谷中啤酒馆〉（不含税）
谷中啤酒 600日元
谷中家那不勒斯风味意大利面 900日元
〈盐和橄榄〉（含税）
咖啡 400日元
橄榄茶 600日元
〈VANER〉（含税）
天然酵母面包（半个）650日元
天然酵母肉桂卷 300日元

上野樱木ATARI

东京都台东区上野樱木2-15-6
〈谷中啤酒馆〉电话：03-5834-2381
10:30—20:30（20:00结束点餐）
周一11:00—15:00
不定期休息
〈盐和橄榄〉电话：03-5834-2711
10:30—19:00
周一休息（遇节假日顺延至周二休息）
〈VANER〉
9:00—18:00/每周一、二休息
东京地铁“根津”或“千驮木”站下车，步行10分钟。

谷中是一条寺庙街，一座座颇有来历的寺院鳞次栉比。行走在街上，你能看到人们一边给院落里的猫拍照，一边在街巷漫步。

入秋，胡枝子花绚丽争艳，被俗称为“萩[1]寺”的宗林寺游客络绎不绝。与寺院相邻而设的“HAGISO”是一座小型综合文化馆，由1955年建造的木结构公寓“萩庄”改建而成。

这是一座外观刷成醒目黑色的2层建筑。一楼是咖啡馆和画廊，二楼被分成好几个房间，其中一间是“HAGISO”开发的个性旅店“hanare”的前台。

4

萩咖啡（HAGI CAFE）

以艺术之力再生的咖啡店
为老巷迎来新生

谷中

右/入口处挂着“萩庄”以前的旧招牌。

下/艺术展的展品保留在空间一角。

1 萩：胡枝子的日文名称。

“HAGISO”没有将视野局限在公寓内部，而是放眼于整个谷中地区。因此，旅店“hanare”也刻意不把所有的服务设施都集中在一座建筑物里。为了与地域融为一体，让客人充分体验谷中的日常生活，“hanare”把整条街视为旅店的延伸，大洗浴场设在街上的公共浴室，早餐设在“HAGISO”内的咖啡馆，午餐和晚餐也要顾客自己去街上发现美味的餐厅。

清早的“萩咖啡”店内，享用早餐的房客、当地居民和散步的路人会聚在一起，形成一道美丽的风景。和式早餐的主题是“周游‘食’光”，店员一年四季都奔赴日本全国各地采购优质应季食材，搭配出可口的味道。

据说某年冬天，“萩咖啡”在早餐中提供了岛根县的大米、味噌、小咸菜等，一些外国客人被其美味折服，再次来到日本时特意走访了岛根县。此外，诞生在谷中三丁目的食堂“TAYORI”，也是在“萩咖啡”早餐的牵线搭桥下，才实现了将食物生产者和食客直接联系起来的经营方式。

左/一层的“萩咖啡”是逛街歇脚的好去处。

上/开业之初就有的当家产品——青花鱼三明治（787日元）。炸到酥脆的青花鱼与盐腌柠檬的组合堪称绝妙。

“HAGISO”凭借出色的运营吸引了各方关注。然而最令人感兴趣的还在于，它原本是2011年东日本大地震后被列入拆除计划的老旧公寓。

挽救它的是东京艺术大学的学生和艺术家们。他们从2004年开始，一直住在旧“萩庄”的合租房里。对于不断消失的市井风貌，他们深感惋惜，于是把“萩庄”整体作为艺术展的会场使用。随着展览大获成功，拆除计划也变为再建计划。

正是汇集在街巷里的爱与艺术的力量，为这座建筑开拓出新的未来，使它成为不可替代的地方。

楼梯平台处放着谷中各种活动的宣传页，兼具街区向导功能。

上/曾经在旧“萩庄”居住的宫崎晃吉带领HAGI STUDIO团队完成了改建工程，2013年“HAGISO”正式开业。

下/一楼画廊，天花板很高。

● menu（不含税）

HAGISO特制混合咖啡 463日元
欧蕾咖啡 528日元
HAGISO芭菲 889日元
旅行早餐（套餐，附饮品）800日元
半熟蛋肉碎咖喱 880日元

● 萩咖啡（HAGI CAFE）

东京都台东区谷中3-10-25
电话：03-5832-9808
8:00—10:30、12:00—21:00
不定期休息（有临时休息）
东京地铁“千驮木”站下车，步行5分钟。

据说这个颇具特色的店门是在镜框店定做的。

5

榧场咖啡（Kayaba Coffee）

谷中街角的地标建筑
超百年历史的商家

谷中

二楼是和式房间。

在我的记忆里，“榧场咖啡”店一直由两位老婆婆经营。近日，我再次来到这久违的老地方，店门却已紧紧关闭。被告知店主已驾鹤西游，我顿时呆立无语。

“榧场咖啡”店是大正时代[1]的商家，创业已有70年之久，它犹如城市中的宝藏一般弥足珍贵。如果它就此消失，想必很多人会深深惋惜。

为此，非营利组织（NPO）台东历史都市研究会和曾经改建谷中公共浴场的画廊“SCAI THE BATHHOUSE”共同设立了挽救项目，由建筑家永山祐子负责改建。闭店3年后的2009年，榧场咖啡店终于在人们的热盼中“复活”了。

其外观依旧是原有的庑殿顶两层建筑。从江户时代到1923年关东大地震以

1 大正时代：1912—1926年。

右/每逢节假日，等座的客人总会在店外排起长队，大家都想感受这个历史空间。

下/店内复刻了从创业之初就大受欢迎的套餐。右图是原店主榧场先生独创的热饮“露西安”，用一半咖啡加一半可可混合制成。左图是鸡蛋三明治（500日元），中间夹的是蓬松的厚蛋烧。

menu（含税）

咖啡 450日元
浓缩咖啡 250日元
豆沙水果凉粉（附茶）700日元
蔬菜三明治 500日元
午间套餐 牛肉洋葱盖浇饭 1000日元

榧场咖啡（Kayaba Coffee）

东京都台东区谷中6-1-29
电话：03-3823-3545
8:00—21:00（周日8:00—18:00）
年末、年初休息
东京地铁“根津”站下车，步行10分钟。

前，这种屋檐高耸的厚重结构在关东地区的商铺中一直很常见。从1916年创业以来，这里曾先后经营过牛奶店、刨冰豆沙凉粉店等。1938年，店主榧场伊之助把店门改换成西式风格，取名“榧场咖啡”，经营权也随之移交妻子和女儿。

复活后的店铺保留了大正时代的建筑特色和昭和老喫茶店的风情，同时辅以平成时代[1]的新鲜气息。当您坐在昔日的老椅子上，请抬头向上看，宛如镜子的黑色玻璃天花板倒映出店内的样子，同时还反射出二楼的风景。

令人吃惊的是，这里使用的咖啡豆竟是浸润着北欧最新精品咖啡文化香气的fuglen品牌。看来这家老喫茶店已经超越了时代，正立足当下，阔步前行。

1 平成时代：1989—2019年。

柳桥街上有一座小小的稻荷神社，周围被玉垣[2]围绕。若是你看到有人正凝神端详着玉垣上雕刻的料亭[3]名号，那也许是追寻花街遗迹的漫步者。要知道，从江户时代到昭和中期，这里一直是可以乘船游览隅田川的格调高雅的花街。

午前的阳光从高楼缝隙间穿过，静静地洒在屋顶的瓦片上。高高竖起的院墙遮挡住外界的视线，院墙里是一座20世纪40年代的古建筑改建的充满情趣的展廊兼咖啡馆。让我们穿过栅栏门，去领略一下这个精彩的世界吧！

我在玄关脱下鞋，沿着长长的走廊前行，尽头就是展廊。除了展出的作品，日洋合璧的建筑也让人怦然心动。靠前面的是榻榻米房间，后面是洋式房间，日式拉门和洋式木门和谐并存。

6

隅田川畔
飘荡着格调高雅的
花街之香的咖啡馆

Lucite[1]展廊

柳桥

右页/坐在二楼阳台的座位上感受清爽的河风拂面。米山说：“偶尔还能闻到海的香气。”

下/古董家具大多是米山的收藏品。

1 Lucite：20世纪30年代美国开发的一种无色透明的合成树脂，可以被染成各种颜色。

2 玉垣：环绕在神社周围，用以分割圣俗两界的栅栏，材质以木质、石质为主，近年也使用混凝土制作。

3 料亭：高级的日本料理餐厅。

历阶而上，来到改建成咖啡馆的二楼，清爽的河道风景尽收眼底。一楼微微昏暗，二楼明亮开放，想必当年的房主市丸姐姐也对这样的反差情有独钟吧，我暗自思忖。

市丸是昭和初期到中期风靡一时的歌手。她原本是浅草的人气艺伎，擅长三弦曲和小曲，后来成为日本胜利株式会社[1]的当家歌手，艺伎生涯随之终止。她在柳桥建造了这座家宅，一直住到90岁去世。

将空置的房屋改建成展廊的是米山明子。米山的祖父母是柳桥一带首屈一指的料亭“稻垣”的经营者，有缘与市丸相识相交。

米山原本被安排继承家业，然而作为柳桥最后一家独栋料亭的“稻垣”在1999年结束了200年的经营历史。随后柳桥艺伎组合解散，花街成了昔日梦中之景。

1 日本胜利株式会社：成立于1927年，总部设在日本横滨的电子公司，该公司发明了日本第一台电视机及VHS系统。

欧蕾咖啡（600日元）和时令水果挞（400日元）。

从咖啡馆的露天座席上，可以欣赏明媚的天空和东京晴空塔。我一边享受咖啡的美味，一边听米山讲述房屋的故事。

“这旁边就是我家，记得小时候还因为爬到市丸家屋顶上玩，被她的保姆大吼了一顿（笑）。改建最困难的部分是现在看不到的地基，因为都是大谷

来展廊参观的客人们提出“想在这里悠闲地喝杯咖啡”，于是二楼开设了咖啡馆。

石，非常脆。另外土墙也都脱落了，重新涂了一半之多。”米山说道。

接手这座熟悉的市丸家宅，并开设展廊，米山的初衷是什么呢？

“也有人建议做成柳桥的资料馆，但是如果资料馆无人问津，到处都落满灰尘，那也没什么趣味了吧？”

这样的家屋无异于一潭死水啊。

“是啊，家里可不能没有欢声笑语。只要那里有开心的事、有趣味的事，就能聚拢人气，成为欢乐的地方。市丸女士毕生追求艺术，在她的故居举办小型戏剧演出或朗诵会，房屋也一定会‘乐意’的。”

2001年，这座隅田川畔的房屋重生为古董店兼展廊。

从这座旧宅汲取到灵感的山崎富良女士创作了话剧脚本，组织丸花剧团进行排练。话剧在二楼上演后博得好评，继续加演。

“剧本写到了隅田川的上游与冥河相交汇，讲述了一个彼岸世界与此岸世界的故事。因为坐在这里就可以看到隅田川，所以大家对这个内容都很感兴趣。”米山说。

柳桥花街和隅田川过去是荣辱与共的共同体，其象征物是夏日的焰火。焰火在1961年中断，中断之前，其一直以“两国川开川仪式”[1]的命名盛名远播，并由当地的料亭和游船出租业者共同运营。1978年重新启动之后，它正式更名为“隅田川花火大会”。

“江户时代，饥荒和传染病肆虐横行，为了向水神祈求河川安全和消除灾祸，人们发起了两国川开川仪式，焰火在首日燃放。”米山说。

上/采访当日，恰逢展廊举办田中莫汉古董地毯收藏展。这个展览从开业之初就有，年年举办。

右/楼梯旁边的装饰颇具匠心。

1 两国川开川仪式：始于1733年，目的是祭悼江户饥荒和传染病中的死者，同时祈求除病攘灾，仪式首日燃放焰火。此仪式曾因明治维新、第二次世界大战等数次中断，从1961年到1977年，因为交通状况及隅田川水质污染等原因再次中断，1978年恢复后更名为隅田川花火大会。

洋式房门上的通风设计。

menu（含税）

混合咖啡 500日元
冷萃冰咖啡 600日元
香蕉牛奶 500日元
抹茶香蕉牛奶 600日元
抹茶套餐（附日式点心）800日元

Lucite展廊

东京都台东区柳桥1-28-8
电话：03-5833-0936
营业时间可能因活动日程调整
不定期休息
JR或都营线“浅草桥”站下车，步行5分钟。

第二次世界大战结束后，为恢复被迫中断的“两国川开川仪式”而四处奔走的正是柳桥料亭工会负责人、米山的祖父稻垣平十郎。

“现在焰火仪式最初的意义已经被遗忘，如今它演变成焰火比赛，不过我们每年都在店里举行问候水神的开川活动，以表达对祖父母经营料亭的敬意。当然，也不过是把露台当河床，请大家共享美食而已。”

即使是这样主题沉重的聚会，人们也能毫无负担地参加，这正是咖啡馆的优势。据说每年通知一发，便马上预约一空。温煦的河风吹起，人们的欢声笑语飘荡在露台上空，让这座岁月积淀的家宅血脉贯通，生机蓬勃。

左/玻璃罐里的灯泡熠熠生辉。

下/店内空间宽敞自在。造访的客人形形色色，有年轻人、有推着婴儿车的妈妈、有遛狗的过路人，还有年过八旬的老人。

7

入谷 plus cafe @定制仓库

从玩具仓库变身为充满开放感的咖啡店

田原町

从钢筋裸露的天花板垂下来的彩灯、老板从美国波特兰古董店淘来的家具，还有幻影牌意式咖啡机……

虽然店内装修保留着仓库的空旷感，却不会让人联想到“粗陋”“冷漠”这样的字眼，这多半要归功于女咖啡师们亲切的服务吧。这是一家充满魅力的咖啡店，无论在这里享用午餐还是处理工作，都令人身心舒畅。

重新涂成白色的外墙上映出电线杆的影子。

老板今村直美将入谷的独栋旧房进行改造，创建了这家“入谷 plus coffee”。她是怎样和房屋相遇的呢？

“我骑自行车随意游逛，偶然看到出租仓库的广告。当时我本没打算开第二家店，只是在以前曾有过闪念，‘若是有机会再挑战一下的话，仓库或旧工厂等工业风格建筑倒也不错’。”

左/拿铁咖啡（420日元）和法式吐司（680日元）。

右/旧椅子的造型很有创意，让人联想到用香槟软木上的铁丝弯成的玩具椅子。

今村找房地产商看了房屋内部。“尽管很破旧，但是天花板高且有进深，钢筋房梁很有魅力，外观的精巧感和屋里的朴素感形成绝妙的反差，而且在二楼也能看见房梁，有山中小屋的感觉。我想，这样的仓库恐怕在东京都内找不到第二处了。”今村说。

当时屋里没有煤气，混凝土地板脱落，地面暴露在外。把这里改造成餐厅着实费了一番气力，但随着不断了解仓库的历史，今村知晓了它与城市及时代的紧密联结，心也和它越贴越近。

左/店内有各种吸引人的精致杂货。这个特别的灯罩是用很多风景幻灯片连在一起做成的，泛着柔和的绿光。

右/二楼是举办活动的空间，阳光从天窗射进来。

menu（含税）

咖啡 380日元

柠檬水 500日元

香蕉巧克力芭菲 750日元

三种融化芝士配番茄帕尼尼 550日元

肉碎咖喱 980日元

入谷 plus cafe @定制仓库

东京都台东区寿4-7-11

电话：03-5830-3863

11:00—20:00（周日、节假日11:00—19:00）

周一休息（遇节假日顺延至周二休息）

东京地铁“田原町”站下车，步行3分钟。

“最初几十年，这里是玩具店仓库，后来又作为存放交际舞礼服的仓库使用了十七八年，再后来就成了空房。”

在彻底打扫布满灰尘的房屋时，今村注意到有华丽服装的蛛丝马迹。

“二楼地板上有很多亮片。据附近一位老住户说，这里还存放过美空云雀[1]、小林幸子[2]的舞台服，她们本人也在这里出现过。”

那位老住户还向我讲述了有关玩具仓库的回忆。那是在孩子数量远比现在多的昭和时代，从藏前到浅草桥一带有很多人偶店和玩具批发店，热闹非凡。

“有时候，运到仓库来的箱子碰巧被孩子们看见。单凭颜色和形状，他们就知道哪个箱子里装着自己想要的玩具。”

这个房屋承载过歌手憧憬豪华舞台的梦想，也承载过孩子们渴求玩具的梦想。我在这个曾经充满梦想的空间落身坐下，一边品尝香浓的拿铁咖啡，一边思忖起自己的梦想。

1 美空云雀（1937—1989年）：日本女歌手及演员，昭和时代日本歌谣曲代表人物。
2 小林幸子（1953—）：日本知名女歌手，演员。

8 Tsumuguri

在寓意椽子的咖啡店 享受咖啡和阅读时间

浅草

（左）

一楼的吧台座席。

上/店面半藏在邻家建筑后边。

下/咖啡（600日元）和时令水果三明治（600日元）。今天供应的是红玉苹果三明治，每种食材都要经过反复斟酌才确定使用。

咖啡店就像散步时遇到的流浪猫，有的好与人玩耍、毫不认生，有的则躲在隐蔽处保持警惕，两种都让人着迷。

“Tsumuguri”静悄悄地潜伏于小巷深处，只从住宅与住宅之间露出半个店面。鉴于这是一只见到有人叫喊着跑过来，便瞬间消失踪影的“猫”，因此更适合单人或两人光顾，享受静谧的时光。

这座2层灰浆合租楼已有68年历史，被室伏将成发现时已成废宅。室伏亲自完成改建，2015年和妻子一起投入经营。

据说刚建成时玄关在其他位置。随着城市启动区划管理，周边很快建起其他住宅，这个楼的进出受到影响，才不得不移动了玄关。

室伏说：“以前像是住了三户人家，总开关上写着101、102、201三个房

上/二楼。改建以前走廊左右两边都是房间。

左/由于店内楼梯较陡，梯井也存在危险性，出于安全考虑，中学以下的学生客人谢绝入店。

menu（含税）
牛奶咖啡 700日元
生姜蜂蜜牛奶 700日元
OTAKO戚风蛋糕 400日元
热三明治（周六日及节假日限定）600日元

Tsumuguri
东京都台东区浅草5-26-8
电话：03-6337-5869
12:00—17:00（16:30结束点餐）
每周二至周四休息（节假日基本营业，可能临时休息，请登录官网确认。）
东京地铁及其他各线“浅草”站下车，步行15分钟。

间号。”室伏拆掉各房间的隔墙，将空间打通，又撤掉了二楼的部分地板，形成开放的梯井。

走上只在周末开放的二楼，依稀可见昔日合租楼的模样。正中间是走廊，尽头有一个小洗手台。不难想象战争结束后不久，人们蜗居在此的生活状况。

室伏告诉我，只要客人临走时留下一句“过得很愉快”，他就比什么都开心。

店名“Tsumuguri”是日语“橡子”的词源。作为橡树果实的橡子，它体积虽小，却在生态系统循环中起着重要作用。同时，“Tsumuguri”里还包含着另一个词——纺织（Tsumugu）[1]，真是巧妙的一语双关，店主的深思熟虑令人佩服！

1“纺织”在日语里表示和客人建立友好关系的含义。

9 糕点工坊 鲁斯鲁斯

用日本舞老师的家屋改建的人气糕点烘焙店

浅草

新田说：“许多老房仍然有人居住，住户们栽花种草，细心呵护着周围的环境，这也是这条街总让人觉得很整洁的原因。”

“鲁斯鲁斯”是一家深受烘焙糕点粉丝喜爱的店铺。其浅草分店位于浅草寺北侧一个安静的区域——观音里。这里作为花街的中心地，现在仍设有艺伎管理所。按说艺伎们都在此地练功学艺，可我却从没见到过她们的身影。直到我知晓店铺的前身正是日本舞老师的家宅兼练习场，才感受到了些许花街的香艳气息。

房屋的一楼建于1955年前后，后来扩建至4层。“鲁斯鲁斯”由姐妹二人经营，经营者之一的新田真由子向我讲述了她对这栋建筑的第一印象。

“房屋虽然一直被精心管理着，但是给人留下的却是过去日本老屋的印象。好在细节之处独具匠心，使用的木材质地坚固，所以，它是一座相当讲究的建筑。”

右上/飘扬在街角的白色暖帘。新田说："街上的商户涉及各行各业，大家都日复一日、兢兢业业地经营着自己的小生意，居民们也很享受到各家购物的乐趣，我真心喜欢这样的感觉。"

右下/用餐区里摆的都是旧家具。

menu（不含税）

冰咖啡 550日元
大吉岭红茶 650日元
鲁斯鲁斯泡芙 250日元
芝士蛋糕 420日元

糕点工坊鲁斯鲁斯

东京都台东区浅草3-31-7
电话：03-6240-6601
咖啡馆12:00—18:00（17:30结束点餐）
商铺 12:00—20:00
咖啡馆 周一至周五休息
商铺 周一至周三休息（节假日营业）
※营业日及营业时间每月变更，请登录官网确认。
东京地铁及其他各线"浅草"站下车，步行10~15分钟。

右/泡芙与曲奇组成的拼盘（550日元）及咖啡（500日元）。泡芙里浓厚的卡仕达奶油是收到订单后才注入的。

上/充满诱惑力的展示柜。

改造的时候，她们要求把好木材挪到吧台和隔板处，尽可能不做任何修补，物尽其用。

"仅靠买来的旧建材，产生不了这种平心静气的感觉。"新田说。

诱人的烘焙糕点在展示柜里一字排开，柜子前面是用波纹玻璃和格子门分隔出来的用餐区。里面高出来的区域是以前的舞台，现在被改建成厨房。装修还刮去了原有的白木地板的表层，涂上了清漆。靠近天花板的位置挂着客人送的小牌子，写着"THEATER"。

这个空间尽管没有华丽的装饰，却凭借优质的食材、过硬的手艺和出众的品位征服了顾客的心，这也正是"鲁斯鲁斯"糕点的真髓。

光线从二楼的落地窗照射进来，令高桥心动不已，他干脆将二楼的房间全部拆去，将其改造成梯井。房梁骨架上还保留着上梁仪式时安装的记牌。

10

cafe copain

由1958年的木材批发仓库改建而成的咖啡店

木场

木场桥畔保留着一家陈旧的木材仓库。它的外墙由细木板一条压一条拼接而成，十分别致。我一边欣赏着墙面，一边拉开大门，只见在高得令人吃惊的天花板下面，客人们正悠闲地谈笑风生，空气中飘荡着淡淡的面包香气。

正如其名，木场在江户时代是一片宽阔的木材储存地，而这个面朝运河的小仓库在建造时，竟然还使用了部分混凝土护岸。

店主高桥幸子告诉我，“据说吧台处那面墙以前原本没有，木材都从那里进行装卸，发船运输。”

高桥和仓库的相遇颇有命中注定的意味。她以前就职于食品公司，在烘焙部门从事产品开发，起初干得有声有色。然而，身处公司组织架构之中，她无法按照自己的喜好随心所欲地制作产品，于是便果断辞职了。

左页右图/墙壁的混凝土部分是过去的固堤护岸，改建时在上面加了墙板。

上/仓库后面就是运河。

右/由三明治和沙拉组成的沙拉拼盘（1180日元），三明治用自家烘烤的面包制作，沙拉食材来自“柴海农园”配送的有机蔬菜。店里还出售不含黄油和鸡蛋的面包。

● **menu**（含税）

咖啡 350日元

红茶 350日元

迷你冰激凌派 200日元

热狗 400日元

厨师沙拉拼盘 1400日元

● **cafe copain**

东京都江东区平野3-1-12

电话：03-6240-3306

11:00—18:00（周日11:00—17:00）

每周一、二休息，年末、年初休息。

东京地铁“木场”站下车，步行9分钟。

“在去职业介绍所的路上，我从桥上看到这个建筑，好奇这是哪个商家，就过去一探究竟，结果绕到背后才发现店门紧闭着。”

高桥没有就此罢休，而是凭借出色的行动力，去法务局调查房东信息，亲自与其交涉，然后在很短的时间里完成了最低限度的仓库装修，开起了这家面包咖啡店。

“据说二楼在木材仓库时代曾供员工居住，后来房屋整个变成建筑商店的仓库，再后来就多年无人使用，任其荒废了。”高桥说。

如今，面包搭配新鲜蔬菜的午餐香气四溢，让昔日的旧仓库变身为人气旺店，而高桥也如愿以偿，像“大众食堂的阿姨”一样快活地工作着。

上/ “像这样的老建筑还有很多，可惜几乎全变成了空置公寓或停车场。其实房屋只要每天使用和打扫，就能经久不衰。”伊藤说。

下/被花草包围的狭长小路。

11

SPICE CAFE

荡漾在木质旧公寓里的香料芳香

押上

站在这座完全被植物淹没的民宅前，我深感震撼，不禁停下脚步，直到发现一块写着“OPEN”的牌子挂在旁边。我沿着狭长的甬道继续向里走，这家以擅用香料而远近闻名的餐厅终于展现在眼前。

由2层木质公寓改建的“SPICE CAFE”是一家颇有“领袖风范”的餐厅。之所以这样说，是因为它不仅在北印度之风盛行的日本咖喱界刮起一股南印度之风，同时还引发人们将目光投向失去活力的平民老街。

伊藤一城在这条街上出生长大，他花了三年半的时间先后游历48个国家，体验当地人的饮食文化。在留下印象最深的国家——印度，他寄居在熟人家里学习咖喱和夏巴塔的做法，回到日本后又在一家餐厅实习了四年。2003年，他重新装修父母建造的老旧出租公寓，创建了“SPICE CAFE”。

“据说这座房子是父亲的木工朋友们喝着小酒，不紧不慢建造好的。即使是遇上2011年东日本大地震那样的强震，也只不过从架子上掉下个瓶子而已。”

伊藤说："公寓原名"藤美庄"，一楼有两个六张榻榻米大的房间和一个九张榻榻米大的房间，还有公共厨房和卫生间，二楼也是同样的布局。据说在这个没有洗浴设施的公寓里，以前曾共住六户人。"人口密度之大可想而知。

"改建工程开始没多久，消息就传遍了整条街道，朋友、邻居、亲戚们纷纷来帮忙，让我着实感受到市井文化的美好。"

这家餐厅的美味料理还曾入选《东京米其林指南》的必比登推介美食[3]。午餐主推的套餐（1350日元）由两种咖喱、四种配菜、咖啡及迷你甜品组成。

从墙壁里显露出来的竹小舞。

拆除土墙时，从里面发现了竹小舞[1]。这是一种用竹子编成格子状的建筑工艺，据说具有良好的调湿性和耐火性。伊藤决定将竹小舞展示出来，他边向泥瓦匠请教边实践，为墙面涂上了硅藻土[2]。"每天涂个不停，完工时我也有专业水平了。"伊藤笑着说。

1 竹小舞：日本传统的建筑技法，常用于制作土墙墙底。制作时将竹条按一定间距纵横交错，编织成网格状，再用麻绳捆绑固定。竹小舞环保健康，且有耐火、耐震、隔热、调湿、隔音等众多优点，很适合日本高温多湿的气候。

2 硅藻土：一种墙壁涂料，有调节房屋湿度的作用。

3 必比登（Bib Gourmand）推介：《米其林指南》评估标准之一，专门针对美味而物超所值的平价餐厅而设，日本"必比登推介"规定的人均消费标准为不超过5000日元。

餐桌餐椅也都是手工制作。

餐厅大门是伊藤的父亲利用木材边角料巧妙拼接而成的。伊藤家从祖父那一代起就是建筑工匠。

房屋的天花板和墙壁完全由土和木头建造，找不到任何塑料类的建材。伊藤选择用天然香料制作料理，从某种意义上说，也是出于对这座老建筑使用天然建材的遵从。

“现在想来，其实是这个空间一直影响着我，这种影响被我展现到了餐盘上。来就餐的客人也都是喜爱这种自然味型的人。”伊藤说。

餐厅开业以后，伊藤也经常前往印度，或者与东京的法餐厨师交流信息，不断钻研技艺。他独创的料理宛如力道深厚的香料魔术，让食客们着迷不已。

客人可以将多种咖喱和配菜自由混合，调制出自己喜爱的味道。在这个小小的餐盘里，来自世界各地的香料以及现代与昭和的时间都融成了一体。

menu（含税）

自家制姜汁饮料 600日元
拉西酸奶奶昔 600日元
芒果汁 600日元
清新香草茶 600日元
咖喱午餐（含1种咖喱）1100日元

SPICE CAFE

东京都墨田区文花1-6-10
电话：03-3613-4020
11:30—15:00（14:00结束点餐）仅周三至周五营业，不可预约
晚餐 18:00—23:00（20:30结束点餐），需预约
每周一、二休息
东京地铁或都营线“押上”站下车，步行15分钟。

12

长屋[1]茶房 天真庵

在充满市井魅力的寺子屋[2]咖啡馆品味手工荞麦面

押上

上/精美的彩色玻璃由东京艺术大学的学生制作。

右/一些客人被庵主夫妇真诚的人品打动，每天光顾。

有一位木匠，他的家宅在轰炸中被烧毁。他因此心痛不已，待战争结束，他就从新潟运来建筑材料重筑此宅。大约60年后的2007年，这座空置多年的家宅被重新改造，在此诞生了“天真庵”。

庵主手打荞麦面、用石臼捣碎咖啡豆烘焙咖啡，还有冠名“寺子屋”的各种传统文化课……单看这些内容，您也许会以为“天真庵”是一个风雅的世界。其实，这里不过是附近住户聚会聊天的场所，当然也是一个汇聚缘分的平台。

庵主野村荣一与这座建筑在巧合中相遇。当时野村还在池袋经营画廊，一位陶艺家好友搬到押上的长屋，野村受邀前去做客时，遇到了这座荒废的旧屋。

1 长屋：一种传统的日本住宅形式，多户住宅在水平方向并排连在一起，每户都有单独通向外部的玄关或通道，以此来保持各户的独立性。

2 寺子屋：江户时代寺院设的私塾。

左上/野村设计的“绳文过滤壶”。用小锅倒热水也是一大特色。

左下/桧木吧台是从被拆掉的居酒屋转让来的。后面还保留着以前留下来的防火保险柜，非常结实。

右/竹帘荞麦面（800日元）。庵主曾经师从广岛荞麦面名店“达磨雪花山房”的店主高桥邦弘。

menu（含税）

混合咖啡 500日元
玉露茶（附点心）800日元
芝士蛋糕 400日元
荞麦粉可丽饼 800日元
午间荞麦套餐 2000日元
※荞麦面售罄即止

长屋茶房天真庵

东京都墨田区文花1-6-5
电话：090-2673-5217
12:00—19:00（周日12:00—16:00）
每周三、四休息
东京地铁或都营线“押上”站下车，步行10分钟。

据说在旧屋改建过程中，原来经常造访池袋画廊的学生和他们的朋友们帮了大忙。

天真庵开业以后，附近的住户让出家里闲置的钢琴，音乐家常客们便张罗开起了演奏会，还不忘拉上来日本演出的著名音乐家。野村的夫人喜代美热情地教大家做味噌，第二年就收到学员们的委托，“准备器具太麻烦，干脆在天真庵开个‘味噌教室’吧。”现在教室已发展成超过百人的“味噌会”。在这里，你总能感受到善意之种从撒播到发芽成长带来的欣喜与快乐，而哺育种子的沃土正是大家对野村夫妇的信任。

正午过后，天真庵才开门没多久，安静的空间一下子就热闹起来。置身其中，你似乎可以感受到客人们的体温，那也是最适合善意之种生长的温度。

右/墨田混合咖啡（480日元）、自制咖啡冰激凌配果冻（570日元）。

下/在店长老家的玻璃制品仓库里沉睡多年的灯罩。

拉门上也点缀着玻璃工艺品。

13

墨田咖啡

用精美的江户切子[1]杯品尝自家烘焙的咖啡

锦系町

一个微凉的傍晚，我拉开“墨田咖啡”的店门，不巧已经满座。正当我不知如何是好的时候，一位坐在吧台的女性客人微笑起身说道：“我要走了，请坐这里吧。”

被心地如此善良之人所喜爱的“墨田咖啡”店，是由1956年建造的小鞋厂改建而成的自烘精品咖啡专卖店。亲自参与改建的店长广田英朗告诉我，“据说最后几年，这里变成了出租房，后面的小窗户就是浴室的位置。我着手翻建时房屋已岌岌可危，若不是在2011年东日本大地震之前租下来，估计它已经塌了。”

1 江户切子：江户末期在江户（今东京）形成的玻璃加工工艺，现为东京都指定传统工艺品。

左/2010年开业。咖啡烘焙机置于二楼。

右/不管骑自行车还是步行，附近的居民们都爱来这里聚会，享受边喝咖啡边聊天的自在时光。

menu （含税）

本日咖啡 540日元
拿铁咖啡 520日元
咖啡冰激凌 450日元
本日蛋糕 450日元
芝士吐司 470日元

墨田咖啡

东京都墨田区太平4-7-11
电话：03-5637-7783
11:00—19:00
每周三及每月第二、第四周的周二休息
JR“锦系町”站下车，步行10分钟。

加固房屋自然是最优先事项，为此墙壁只简单地贴了一层三合板，而地板则被彻底刨开，重新注入混凝土，同时去掉天花板，提升空间高度，创造开放感。

“墨田咖啡”最吸引我的还在于它为家族产业及当地的传统手艺提供了展示的平台。广田店长的祖辈是开玻璃加工店的，在锦系町已延续了120年之久。咖啡店里散发出柔和的琉璃色或柑橘色光芒的灯罩，都出自广田父亲之手。

“全是在仓库里沉睡了三十多年的物件，我说都卖给我吧。”

墨田也是锦系町所在行政区的名称。取这个店名，就是希望为当地做点贡献，所以店里的杯子也使用了工匠手工制作的传统工艺品——江户切子。雕刻在玻璃表面的星星和市松纹样闪耀着淡淡的光芒，似乎正在悄声讲述这片老街区的故事。那就让我们在袅袅升起的咖啡香气中，静静地侧耳谛听吧！

14

庭院里的咖啡之家向阳处

众人合作完成的倾听鸟儿啁啾的咖啡馆

千石

重点突出绝缘子的天花板。

走在宛如鬼脚图[1]一般错综复杂的住宅街里，一块写着“OPEN”的吊牌映入眼帘，指引着我拐进细长的小路。径直走到深处，眼前豁然出现一片葱绿掩映的庭院，庭院里种着桃树、南高梅，还有阵阵清脆的鸟鸣声随着微风传入耳畔。

“向阳处”是由1962年的独栋住宅改造的咖啡馆。在这里，你能看到坐着轮椅光顾的百岁老人喜笑颜开地哄逗邻桌两岁孩童的画面，让人倍感温馨。“起初我并没想到这个家宅会变成咖啡馆。”管理者伊藤晴康笑着说。伊藤一直从事地产经营和咨询业务，碰巧接手了给这座旧宅找出路的工作。

“经过调查才发现，住宅前面的小巷原本是商店街，现在也是直通干道的路段，人流往来不绝。这周围有托儿所、中小学，是孩子集中的地区，可是供父母和孩子放松休息的咖啡馆却寥寥无几。”

于是，伊藤向大家征集改建建议。比如，提供婴儿车和轮椅也能轻松上下的斜坡，让身体自由舒展的榻榻米空间，方便孩子使用的矮脚桌椅等。这些建议都变成现实之后，这个舒适暖心的空间被口口相传，彻底成了附近居民的“向阳之所”。

“这是大家共同创造的场所，今后也将不断改进。”伊藤说。

庭前结出的梅子可以腌起来，流水素面[2]餐会真欢乐，客人提出的希望总能在这里得到回应。那洒满庭院的阳光和人们心中的温情，让这家咖啡馆总是暖意融融。

1 鬼脚图：一种游戏，也是一种简易的决策方法，常用于抽签或决定分组等。画几条平行线，以线的一端为起点，另一端为终点，终点处可以写上抽签项目或分组名称等。在相邻的纵线间任意画几条横线，每个人选一个起点往下走，遇到横线则沿线走到相邻的纵线上，直至到达终点。

2 流水素面：一种经常在夏天举行的美食活动。将竹子劈为两半，掏空打磨，根根连起作成水渠。从上游往竹槽中注水，放入面条，食客们在沿途排列，用筷子捞起面条食用。

上/直到不久以前，这座独门独院的住宅里还住着一对老夫妇。现在这里也经常举办各种活动。

左/“自家烘焙黑千石茶”(500日元)和三色团子(300日元)。正当我吃得津津有味之时，店员送过来一份小苹果，说道：“这是客人送来的。”

下/沿楼梯上二楼，是补习班的教室。

● menu （含税）

混合咖啡 500日元

年糕小豆拿铁 500日元

红豆脆饼 300日元

烤饭团 300日元

午间套餐 单品+500日元

● 庭院里的咖啡之家 向阳处

东京都文京区千石2-44-11

电话：03-6902-9476

11:00—16:00（每周二至周四11:00—19:00）

周一休息（节假日不休息）

都营线 “千石”站下车，步行6分钟。

15

东京小房子（TOKYO LITTLE HOUSE）

讲述战后东京记忆的奇迹之家

赤坂

就像祖母的家一样——虽然这只是一句描述古建筑咖啡馆的套话，但是用祖父母的家宅改建而成的咖啡馆现实中确实存在，它就位于赤坂的繁华地段。这座木制房屋建于1948年，玻璃窗框延续着老式的木结构而非金属结构。这样的家宅能够在赤坂保留下来，几乎是个奇迹。

改建后的一层是现代感十足的咖啡馆和画廊，二楼是充满昭和情调的旅馆。

负责人深泽晃平说："我们作为家族的一分子，改造房屋的心态可能不同于外来的人。""对祖母的回忆都浸透在房屋里，所以连一面墙也舍不得拆……"妹妹深泽爱补充道。听说兄妹二人小时候每周都来这里玩耍。

咖啡馆内，那些承载着美好记忆的日用品都物善其用。比如，用祖父的木屐充当的门把手，拿防雨门板做成的展板。

上/深泽爱是知名的咖啡烘焙师，咖啡萃取都由她来完成。

左下/店名取自绘本名作《小房子》(*The Little House*)(弗吉尼亚·李·伯顿[1]著/石井桃子译)。

右下/手冲咖啡(450日元)和MORIKAGE商店的曲奇(150日元)。

“祖母25年前去世以后，亲戚来住了几年，然后我上大学期间住在这里。相对于今天的东京，这个家屋是个异样的空间。以这里为大本营，骑自行车在街上游逛，不用刻意寻找也会发现有趣的事物。所以凭我的直觉，游客住在这里，一定能尽情享受东京观光的乐趣。”晃平说。

晃平的祖父母之前一直在筑地的料亭工作。后来，料亭老板建议他们自己开家店，还热情地帮忙在赤坂盖了房子，结果他们还是选择继续留在筑地工作。

1 弗吉尼亚·李·伯顿(Virginia Lee Burton，1909—1968年)：美国童书作家、插画家，代表作有《迈克和他的蒸汽铲车》《小房子》等。

“大概因为战前的筑地一带有海军设施，论地段比赤坂高级，所以祖母还是想回去。从1964年东京奥运会开始，赤坂成了东京复兴的象征地，他们也就随着迁过去了。”

祖母出生于明治时代，从新潟来东京打工，“她总是很爽快”，两人回忆道。

“如果能把一个人的成长史与城市的发展史相互结合，就可以成为一个咖啡馆和旅馆的主题概念。”

晁平在学生时代曾绘制过一张特别的东京地图，内容是把绳文时代的历史遗迹与现在的神社佛阁的位置重叠在一起，这张地图被收录到某位作家的专著中。

“如果把战争、自然灾害、江户时代的火灾都算上，世界上恐怕没有哪个城市像东京死过这么多人。”

这个家仿佛是一位安静的讲述者，向来自世界各地的人们讲述着沉睡在脚下的东京的历史记忆。

上/二楼旅馆保留着住宅过去的样子，不仅深受外国游客好评，也为日本客人平添了旅行的乐趣。

右/浴室及卫生间内部现代化设施完备，外观则刻意保留了旧墙解体时露出来的竹小舞。

旧房屋改建主要由深泽晃平的妻子杉浦贵美子和店员萨姆·霍尔登负责。

menu（含税）

冰咖啡 500日元
拿铁咖啡 600日元
抹茶牛奶 700日元
精酿啤酒 700日元
烘焙点心 150日元以上

东京小房子（TOKYO LITTLE HOUSE）

东京都港区赤坂3-6-12
电话：03-3583-0228
11:00—17:00
周日及节假日休息
东京地铁“赤坂”站下车，步行3分钟。

“我在港区赤坂，力道山[1]遇刺的街道向大家播报。”

这是菊地成孔[2]在TBS的广播节目中惯用的开场白。力道山遇刺是1963年的大事件，当时赤坂正迎来发展的黄金期，财政名流、演艺明星、文人作家纷纷聚集到赤坂花街的料亭或高级夜总会，那是一个传奇时代。

位于赤坂的料亭“岛崎”也曾经是一个华丽的社交舞台。自从关门以来，店铺20年无人打理，逐渐老化，直到两位爱好冲浪和旅行的年轻人让它重生，改造成为咖啡旅馆。

旅馆休息室。照明灯是料亭时代的老物件。

1 力道山（1924—1963年）：在日朝鲜人，第二次世界大战后日本最具代表性的职业摔角选手，也是将摔角引进日本的人，被称为“日本职业摔角之父”。1963年12月8日，力道山在赤坂一家酒馆喝酒时，遭到黑社会袭击，入院抢救后无大碍。对身体过度自信的他出院后饮食无度，于12月15日因腹膜炎去世。

2 菊地成孔（1963—）：爵士音乐人、萨克斯演奏家、作曲家、制作人、作家等。本文中的开场白出自2011—2018年菊地成孔在TBS主持的广播节目《菊地成孔的潇洒夜电波》。

“现任房东在岛崎后面的居室出生长大，现在仍在赤坂居住，他几次三番拒绝了拆解料亭改建高楼的提案。”Kaisu的创建者铃木重任说。据说房东在与铃木交涉时表示，只要这座有故事的料亭建筑能重新复苏，再次成为人们会聚一堂（即店名“Kaisu”[1]）的场所，就同意旅馆开业。

“无独有偶，承接改建工程的正是房东自家住宅的设计者。”

在如此不可思议的巧合下，建筑的一楼变身为氛围安静的咖啡馆和酒吧，二楼成为住宿空间。值得一提的是，料亭时代的照明灯都被保留下来，分布在店内各处，照亮人们的笑脸。

铃木说：“我在冲浪、旅行目的地的旅馆结识了很多朋友，现在我们还保持着联系。同样，来自世界各地的旅行者和本地人也在这个咖啡旅馆里交流。”

这股吹进赤坂小巷的纳新之风，彻底打开了老料亭紧闭多年的迎宾大门。

1 kaisu：日语词汇“会（かい）す”的罗马字拼写，意思是遇见、汇集、集合等。

上/料亭始建于1949年，这是改建后的样子。房客大多是来自美国、欧洲的旅行者。

下/日本国产精酿啤酒（700日元起）、拿铁咖啡（500日元）及香蕉蛋糕（500日元）

menu（含税）

手冲咖啡 500日元
美式咖啡 400日元
烤芝士蛋糕 600日元
什锦芝士拼盘 800日元
赤坂鸡肉饭 980日元

Kaisu

东京都港区赤坂6-13-5
电话：03-5797-7711
10:00—23:00（22:30结束点餐）
无定休日
东京地铁“赤坂”站下车，步行4分钟。

左/店内到处是废料和捡拾来的物品，“破烂货”爆发出的小宇宙魅力无穷。

上/小馒头（250日元）和印度奶茶（650日元）。店主的老家是经营日式点心的，店主沿袭家族传统制作的小馒头表皮经过特别烘烤，香气四溢。

17

mugimaru2

在绿意盎然的艺术空间里逗猫、品尝小馒头

神乐坂

深巷尽头，从木围栏里传来的三味线的弹拨声戛然而止。我看着眼前这仿佛废墟一般的建筑不安起来，难道咖啡馆已经停业了？好在走到近前，终于透过层层簇拥的常青藤，发现了泛着蜂蜜色灯光的入口。

“租下这里的时候，房东告诉我‘道路要扩建，房屋什么时候拆还不知道，喜欢怎么用就用吧’。”店主岩崎早苗说。当时隔壁的房子已经拆了，成了一片空地。

这是一座昭和三十年代的2层木结构灰浆建筑。现在它已被打造成独一无二的“废料天地”，参与建设的是身为浮木艺术家的哥哥岩崎永人以及两位身强力壮的朋友。自从2005年开业以来，这里强大的磁场吸引了众多有共鸣的追随者。毕竟店主对“完美”的执念非一般店铺能及，即使打一颗钉子，她也会考虑到“锃亮的新钉子不合适”，改用收集来的生锈的钉子。

在柳家金语楼建房之前，
据说这里曾有一座寺庙。

menu（含税）

咖啡 550日元
抹茶 650日元
煎茶 650日元
啤酒 750日元
各种小馒头 250日元

mugimaru2

东京都新宿区神乐坂5-20
电话：03-5228-6393
12:00—20:00（周六日12:00—21:00）
周三休息
东京地铁“神乐坂”站下车，步行5分钟。

“听说很久以前，这个建筑和它左右两边以及后面的整块地都是柳家金语楼[1]的家宅*。我租下之前，这里是经营了33年的居酒屋，艺伎和开餐馆的人经常深夜过来喝酒，后来掌柜倒在店里去世了。我们刚开业那会儿，一直闲置的二楼总是传来奇怪的声音，于是赶紧供上了神酒。”

这样的轶闻与铺着榻榻米的二楼氛围着实吻合。正当我坐在榻榻米上享受小馒头配印度奶茶的美味时，店里的吉祥猫二代轻快地窜上楼梯，来到我的膝盖上蜷成一团。

1 柳家金语楼（1901—1972年）：落语（即日式单口相声）表演艺术家，称霸日本明治、大正、昭和三个时代的喜剧之王。
* 坊间传闻，柳家金语楼的情人曾在此居住，金语楼创立的“金星制作”也曾设在此地。（作者注）

老字号甜品店的风格令人赞叹

18 竹村

神田

歇山式屋顶的3层木结构建筑，入选“东京都选定历史建筑物”。

右/二楼楼梯右侧是客厅，左侧是居住区。

下/二楼窗栏上雕刻着竹叶和梅花图案。

在神田须田町，也就是以前的神田连雀町一带，有一个幸运躲过轰炸的奇迹角落。好几家大正时代或昭和初期创业的餐饮店得以保留下来，营业至今。

“这座建筑是神田佐久间町的木匠造的，听说附近的老店‘牡丹’*也出自这位木匠之手。”堀田说。

每天店里都使用北海道产的红豆制作四种豆馅，他家的年糕小豆汤和豆沙水果凉粉也都严格遵循古法制作。

“身为创始人的父亲坚守的方针是无论如何不能偷工减料，要做好东西，就不要扩大店的规模。”

*牡丹：明治时代创业的鸡肉锅专营店。其建筑也入选“东京都选定历史建筑物”。（作者注）

近年外国游客越来越多，经常有人提出“想参观二楼客厅”。

“就算让客人等，也要现炸现卖。”这是父亲生前最常说的一句话。至今，招牌产品炸小馒头依然严守着父亲创业时的制作流程，店主接到订单后才把馒头下到锅里，用芝麻油炸得又香又酥。

池波正太郎[1]也被这样的美味和操守吸引，光临“竹村”用餐，并被传为一段佳话。

“先生一个人在里面不显眼的桌席就座，用完餐很快就走了。我想这是先生享受独处的时间，便没有上前问候。”堀田说道。想必这种恰到好处的关怀，也深得作家所爱吧。

“今天很冷，豆馅要做得软些。”堀田说他很喜欢像这样每天根据天气，对产品进行微调的匠人工作，顾客的一句“真好吃啊”总会让所有的辛苦一扫而光。

1 池波正太郎（1923—1990年）：第二次世界大战后日本时代小说、历史小说代表人物，作为美食家和电影评论家也享有盛名，代表作有《剑客生涯》《鬼平犯科帐》《杀手·藤枝梅安》等。

左上/第三代店主堀田正昭。他说：“制作美味红豆馅的秘诀是彻底去掉涩味，充分加热，搅拌不要过度。掌握好分寸很重要。”

右上/池波正太郎爱吃的栗子年糕小豆汤（820日元）和炸小馒头（2个490日元起）。

在战争和大地震中幸存的店铺。

menu（含税）

年糕小豆汤 790日元
什锦甜凉粉 690日元
豆沙水果凉粉 740日元
杂煮 810日元
海苔卷年糕 690日元

竹村

东京都千代田区神田须田町1-19
电话：03-3251-2328
11:00—20:00（19:40结束点餐）
周一、周日、节假日休息
东京地铁“淡路町”站下车，步行3分钟。

* 此店从1930年营业至今，并不在本书设定的古建筑咖啡馆（由旧民宅转用、重生而成的咖啡馆）之列，在此特作为拥有珍贵古建筑的餐饮老店进行介绍。

19

松庵文库

百年杜鹃树守护下的音乐伉俪之家

西荻洼

2013年7月开业。二楼作为出租房使用。

这是一座在大正末期到昭和初期建造的民房，房前的细叶冬青即使在冬天也枝繁叶茂。树干上垂着个小木牌，告诉人们这里是“松庵文库”。我在玄关换了拖鞋，情不自禁地道了句“打扰了”。

左/庭院不仅吸引了鸟和猫，连狸也来玩耍。“寒意消融以后，宛如韭菜花一样的花朵满院绽放。每到那时我都怀疑这里真的是东京吗?”

下/改建时拆去墙壁，将空间连成一体。改建的痕迹都保留在柱子上。

这真是一个阳光充沛、令人愉悦的空间啊！每张餐桌都摆在可以看到庭院绿色风景的位置，绿光倒映在蛋糕盘和咖啡杯里，轻柔地转着圈。

庭院里的主角是一棵杜鹃树。这座本已预售的古宅能够作为咖啡店重生，起到关键作用的正是这棵百年树龄的大杜鹃。

“盛开的杜鹃花就像一盏盏粉色的大宫灯。”店主冈崎友美微笑着说。她希望经过门口的人也能感受到花的气息，于是便在每个房间的隔墙上都装了玻璃窗，将庭院里的色彩传递到马路上。冈崎的用心设计让街上不少遛狗的人注意到玻璃窗上鲜艳的花色。他们停下脚步，进到店里边喝咖啡边赏花。

上/使用 “ARISE COFFEE ROASTERS”咖啡豆制作的咖啡（550日元）、朗姆葡萄干核桃蛋糕（580日元）。

右/冈崎说：“时间在这个房屋里的行进速度似乎不统一，我们这边为准备食物手忙脚乱，而客人们却悠闲自得地看书。啊？怎么会这样？”

就这样，这座家宅不知不觉成了西荻洼街角告知5月到来的风景线。家宅的主人原本是一对音乐家夫妇，丈夫是指挥家，妻子是打击乐器演奏家，二人经常在放着三角钢琴的房间里指导学生。

住在附近的冈崎第一次走进这个家，是在男主人因高龄去世后，接受意欲转让家屋的女主人（通常被叫作“夫人老师”）的邀请。

冈崎回忆道：“当时我对夫人老师说，平时总是从二楼俯瞰院里的杜鹃树，现在从这里看才知道原来它这么高大。夫人老师说：“杜鹃树啊，真想留下它！就算房子变成停车场在所难免，可是杜鹃树……”我随口问她不能想想办法吗，她说，“那就请您留下吧！”

夫人老师的心愿就这样直截了当地托付给了冈崎，说不定这里面也饱含着杜鹃树精灵的心愿吧！都说用过百年的工具里寄宿着付丧神[1]，更何况被赞美了百年的有生命的植物呢。

冈崎素来对旧物很有兴趣。当时，她正一边进修司法书士[2]课程，一边在司法书士事务所上班。尽管内心充满犹豫和矛盾，她还是突破重重困难，在与夫人老师交谈大约一年后，创建了“松庵文库”咖啡店。

“现在回想起来，当初我并不知道开咖啡店有多艰难，幸运的是很多熟人、朋友向我伸出了援助之手。”

这里过去是浴室的一角，岁月的印记在白色瓷砖上隐约可见。

负责改建房屋的YUKUIDO公司提出的主题理念是“保持原貌就好，保持原貌才好。”

1 付丧神：也叫九十九神，指寄宿于长年使用的物件或工具中的神或灵魂，常见于日本神怪传说。

2 司法书士：日本司法领域的一种技术资格，工作内容主要是在个人或企业、机构等委托下，制作法律文件及完成相关法律手续等。

上/面朝马路的房间作为展廊使用。

右/展廊一角。“有客人说，雨天的傍晚坐在这里感受尤其绝妙。店里也有特别适合听雨的席位。”

“我觉得这个理念与家宅的定位很吻合。从外表看，不加雕饰的墙壁和柱子的确不够漂亮，但维持素面朝天的原状，为的是让空间里曾经发生的故事保留下来。”冈崎说。

音乐家夫妇出于隔音考虑，把原来的窗户都换成了铝制的双层窗框。改建公司推断这栋建筑初建时很可能是木质结构，遂复原成木窗框，并由设计师将四角设计成美丽的弧形。

外表斑驳的家具、书架上大量的书、陈设在展室里的日用杂物和器皿……倾注心血和热情改建的咖啡店客人络绎不绝，其中也包括音乐家夫妇教过的学生。

一位学生时隔30年旧地重游，他在同窗联络本上留言，感谢留住这个家。一位学生带着恩师生前指挥的照片来到店里，点了两杯咖啡放在照片前含泪啜饮。

展廊的窗边

“那位学生临走时把恩师的照片留给了我。我将它摆在厨房高处，一遇到困难就双手合十（笑）。”

店里的女员工接二连三地结婚然后离职了，虽说是喜事却也让人困扰。有人开玩笑地揣测，一定是杜鹃树在作怪，说不定福神就附体在树上。

走出咖啡馆，我再一次抬头仰望生机勃勃的细叶冬青。也许恩师的灵魂就栖息在这棵常绿树上，指挥着整个家的和谐运转，而夫人老师的心则寄宿在杜鹃树上，她将心愿悄悄告知冈崎，并继续守护着这个地方。

● menu（不含税）

冰咖啡 600日元

格雷伯爵茶 650日元

苹果碎屑蛋糕 680日元

午餐 米饭御膳 1390日元

● 松庵文库

东京都杉并区松庵3-12-22

电话：03-5941-3662

11:30—18:00（午餐14:30结束点餐）

每周一、二休息

JR“西荻洼”站下车，步行7分钟。

上/古董玻璃窗是工匠们将其裹上毛毯从岛根县运来的。

左下/黄昏时分，橘色的灯亮了。

右下/每月更换的甜品（600日元）和红茶（另加300日元）。使用岛根县食材制作的午餐也倍受好评。

涂着鼠色石灰的墙壁产生了独特的阴影。

20

Re:gendo

让残存的空房
变身为完美的古建筑咖啡馆

西荻洼

车站附近竟有这样的板墙，我一边惊讶地欣赏着这面炭青色的大和墙[1]，一边顺着墙边的小路向前走。没多久，一座颇有情趣的古建筑咖啡馆展现在眼前。木格子的院门敞开着，前院里种着南天竹，红色的果实在枝头摇曳。冬天干冷的空气似乎完全被板墙阻挡在外，庭院里的温度和湿度恰到好处，滋润着午餐客人们的心田。

阳光透过古董玻璃窗射进来，淡淡地洒在鼠色的石灰墙上，煞是好看。立柱和地板的色调都很沉稳，这里的建造者一定是深谙古建筑魅力之人吧，我暗想。

这点我确实没猜错，然而除此之外的事实却实在出乎意料。

1 大和墙：一种传统的日式围墙，由横板和纵板交错组合而成，以木结构为主，常见于老房屋和神社。

大和墙好像过去就一直存在的古物。墙内的Re:gendo有上下两层，一楼是咖啡馆，二楼是出售衣服及生活杂物的小商店，衣服布料的颜色都是用山中的植物染成的。

menu（不含税）
咖啡 500日元
自家制甜酒茶 700日元
本月甜品 600日元以上
饭团膳 1500日元
蔬菜饭团寿司膳 1500日元

Re:gendo
东京都杉并区松庵3-38-20
电话：03-5941-8664
咖啡 11:00—17:00（午餐14:30结束点餐）
店铺 11:00—18:00
周二休息（节假日不休息）
JR“西荻洼”站下车，步行2分钟。

原来大和墙是新造的，以前围着房屋的是一堵煞风景的混凝土砖墙。旧房在改建前长期无人居住，家具什物散落一地，已沦为流浪猫的领地。被委托修复房屋的是石见银山生活文化研究所的松场夫妇，他们曾成功完成岛根县旧民宅的重建工程。

松场夫妇为了此次大规模改建，特意从岛根县运来旧建材和废料，并且把工匠们也带到了东京。他们基于“复古创新”的理念，选出要留下的物品，使用现代技术精心修复，增添新魅力。他们还拆掉庭院里的简易房，按照房屋整体的建筑风格扩建成新房间，并给新旧柱子重新刷上了柿漆和蜂蜡的统一颜色。

经过这样的精心打造，战前住在这里的人和当代人对家屋的不同憧憬，以及东京和岛根两个城市，都被幸福地连接在一起。“Re:gendo”真正成为一座超越时间和空间的住宅。

21

MOMO Garten

在长屋倾听桃园川的潺潺水声

中野坂上

我朝着绿化带的方向前行，沿途与一对打着天蓝色阳伞的母子擦肩而过。没走多久，一座掩映在柿子树和棕榈树之间的瓦顶房屋展现在眼前。这是一栋二轩长屋，战后不久建于桃园川畔。如今，桃园川已经变成暗渠流淌在地下，而这座空置了许久的长屋则变身为咖啡馆，博得人们的喜爱。

拉开店门，正赶上店主嘉山开始做辣口咖喱，据说咖喱糊要花上四个小时慢慢炖煮。

嘉山长期从事社区特困户的帮扶工作，他把旁边的一个公寓改建成了援助老年人自立生活的设施，他本人一直亲自参与运营。当时，公寓的房东还向他推荐了这间长屋，于是便诞生了“MOMO Garten”。嘉山说，他想让附近的老人有个消磨时间的去处。他以一颗温暖善良的心，为男女老少带来舒适与便利。

上/咖啡馆创建于2013年。已有七十多年历史的屋顶开始漏雨，其中一部分用塑料布罩了起来。

左上/青鳉鱼畅游在阳台的仿生池里，昔日河川的潺潺细流以缩小版的形式再现。

左下/芝士蛋糕（400日元）和“MOMO Garten”混合咖啡（500日元）。

menu（含税）

咖啡 500日元

红茶 500日元

磅蛋糕 400日元

吐司三明治 500日元

印度风辛辣猪肉咖喱 800日元

MOMO Garten

东京都中野区中央2-57-7

电话：03-5386-6838

11:00—18:00

每周一至周三休息

东京地铁或都营线“中野坂上”站下车，步行12分钟。

22

美食同源 CAFE KEATS

让身心愉悦的美味

祐天寺

东京的街头真是多产多殁之地，精心打造的店铺如雨后春笋般出现，可是不出几年又相继偃旗息鼓。更迭速度之快，与古建筑里悠然的时间流速形成鲜明对比，让人感到一丝眩晕。

“KEATS”是由一座2层木结构小楼改造成的咖啡店，店铺外墙爬满常青藤，店内舒适惬意。

店长告诉我，“听说这个建筑已有87年历史。”也就是说，它大约是在东急东横线[1]开通5年后建成。据说五六十年前房屋的一楼是香烟店，二楼有一位老妇人独自居住。

2010年房屋被改建成餐厅，2016年又再次进行装修，诞生了现在的咖啡店。空间的主色调是让人联想到昭和时代的深褐色和颇具现代感的白色。在反复改扩建过程中留下的繁复而凹凸不平的痕迹，也为空间平添了几分魅力。而且，这里的食物不使用化学调味料，深受追求自然美味的食客钟爱。

上/最初是杂粮咖啡店，而后改为韩国料理店，2014年主打“美和健康”的商家“KEATS”进驻，2016年更换店名，成为现在的样子。

左上/用晚餐的客人被引导至二楼，那里保留着浓浓的昭和风情。

左下/赏心悦目的“超级蔬菜拼盘”（1300日元）。新鲜蔬菜由签约农户送货，调味汁用多种健康食材调制。

● menu（不含税）

有机咖啡 500日元

有机茶 500日元

豆乳玛卡[2]芝士蛋糕 630日元

三种小吃拼盘 580日元

KEATS鱼料理 1300日元

● 美食同源 CAFE KEATS

东京都目黑区祐天寺2-8-12

电话：03-6451-0672

11:30—22:00（21:30结束点餐）

周一休息

东急线“祐天寺”站下车，步行5分钟。

1 东急东横线：连接东京都涩谷站与神奈川县横滨站的铁路线，1926年开通，隶属于东急电铁公司。

2 玛卡：原产于南美的一种植物，营养成分丰富，有“南美人参”之誉。

23

古桑庵

远观四世同堂大家庭的日常生活 内心得到治愈

自由之丘

下/“古桑庵”风味的抹茶年糕团子汤（950日元），搭配清口昆布食用。

我在写有“古桑庵”三个字的木牌引导下，走进这座充满怀旧风情的庭院。对昭和时代出生的人而言，这里是一个似曾相识的世界，松树和枫叶相映成趣，石制的水钵边上晒着柿子。在脚踏石铺成的小路尽头便是房屋的入口，我在那里脱下鞋，被引进左手边的主屋。

家屋与房主的生活密切相连，它会随着房主进入不同的人生阶段被扩建或缩小。据说这个家屋里曾居住过一个四世同堂之家和一位保姆。

“曾祖母、祖父母、父母以及我们两个孩子组成了这个七口之家。我们长大后需要自己的房间，于是在昭和中期建了侧房，从跃层加出两个房间来。”现任庵主中山势都子说。她是主屋建造者渡边彦的孙女。

中山的母亲渡边芙久子在晚年成为一名玩偶手工艺家，每年都以家为展室举办一次作品展。1999年以后，作为展览的延伸，她开始在家中一角经营咖啡店。芙久子去世以后，这座跨越大正、昭和、平成三个时代的家宅传到中山手里。

阳光透过树叶倾泻在院子里。左边是大正时代的主屋，正面是1954年建造的茶室。

“母亲用旧布头给孙子缝制雏人形，就此开始了玩偶创作之路。我们给这些玩偶起名‘大雏’，现在依然珍藏着。每逢桃花节[1]到来，我们就连同60年前母亲给我买的雏人形一起，全部展示出来。”

“年轻客人们来到咖啡店里，总是满脸好奇地东瞧西望。可是对我来说，这里的一切都是从童年就陪伴在身边的最自然不过的东西。”中山笑着对我说。

“保养这座古老的家宅有什么秘诀吗？”我问中山。

“首先是每天打扫，其次要归功于一位比我更了解这个家的木匠老师傅，另外还要感谢每年来修整庭院的园艺师傅。”

在听中山说话的时间里，我的视线被装饰在壁龛里的各种刀具吸引。

“祖父既是剑道专家，也喜欢收集木刀。”中山说。

1 桃花节：每年3月3日，也叫女儿节、偶人节等，是祈求女孩子健康平安的传统节日。这一天，有女儿的家庭都会陈饰小人偶（即雏人形），供奉菱饼、桃花。女孩子们则要穿着和服，在人偶台阶前食糕饼、饮甘酒等。

上/小小的盆景也讲述着四季轮回的故事。

右下/玩偶手工艺家渡边芙久子的作品，展品随四季定期更换。

旧客厅被用作出租画廊。正屋门框的横木上装饰着横山大观[1]的亲笔谢函，感谢现任庵主的曾祖父转让给他一只小狗。

menu（含税）

咖啡 550日元
草莓牛奶（附烘焙糕点）550日元
冰卡布奇诺（附烘焙糕点）650日元
抹茶（附日式点心）850日元
豆沙水果凉粉 850日元

古桑庵

东京都目黑区自由之丘1-24-23
电话：03-3718-4203
11:00—18:30
周三休息
东急线“自由之丘”站下车，步行5分钟。

其实，应该关注的倒不是木刀，而是挂在后面的字画，据说是某位名家的画作。

昭和中期，中山的祖父渡边彦在主屋旁边建了一间茶室，和祖父一起打网球的球友前来帮忙。这位球友为茶室取名“古桑庵”，寓意用古老的桑树建造的茶室。

我闭上眼睛，似乎隐约听见屋檐下素不相识的家族成员们生活的声音，有祖父转动茶筅的声音，有母亲使用剪刀的声音，还有孩子们奔跑的脚步声。

1 横山大观（1868—1958）：东京美术学校日本画系第一批毕业生，他在继承传统日本绘画的同时挑战新风格，生涯贯穿明治、大正与昭和三个时代，被尊称为“日本近代绘画之父”。

左/音响设备完美收纳进原来的壁橱里。根据季节、时间及客人的特点选择适宜的音乐也是咖啡馆的重要构成元素。

下/招牌咖啡豆采购自北海道的“豆灯”和姬路的“Hammock Cafe”。

右页/从昭和初期的旧公寓翻修而成的咖啡馆，2017年开业。

24

Hummingbird Coffee

在低调含蓄的空间里
用心做咖啡

学艺大学

是否只要有布置精致简洁的空间，有优质的咖啡和甜品，以及礼貌周到的服务，就可以称得上富有魅力的咖啡馆？答案绝不唯一。

“怎样才能接近理想中的咖啡馆?”店主吉村健在为每一位客人调制咖啡时，总不忘这样问自己。即使是相同的订单，他也要通过言语交流，了解对方的口味和喜好，确定要给这位做得浓厚些，那位做得清爽些。当然，还要考虑到与季节相适。

对于咖啡馆的整体氛围，吉村也会根据不同的客人及情景进行把控。比如，当客人都在埋头读书，店里一片沉静时，如果进来两位客人谈笑聊天，吉村便会礼貌地提醒“请小声一点”。相反，如果开门没多久，就有几组聊天的客人光顾，吉村便不说什么。

Hummingbird coffee
Open

左/对于不同种类的咖啡豆，吉村区分使用了哈璃奥（Hario）和科诺（Kono）两种滤杯。必要时他还使用法兰绒滤布萃取咖啡。

右/曼特宁咖啡（600日元）和店员制作的时令蛋糕（500日元起）。

“随机应变是件难事，有时我也会被客人反问‘为什么?’”，并不擅长巧言舌辩的吉村唯愿向客人展现真诚的态度。“这也是我的率性之处吧。”他说。

在吉村坚定的目标和强大意志的支撑下，店内闲适从容的氛围始终保持如一，粉丝数量也与日俱增。

这个低调而含蓄的咖啡空间坐落在一座屡经改扩建的旧公寓一楼。原有的和式房间被打造成颇具现代感的西式空间，空气里飘荡着浓浓的生活气息。

改造工程拜托给了以品位称道的“灰色狼”佐藤克耶，吉村向他描述了自己的设想。

“签房产合同时，我看到文件上写着建后45年，但那应该是扩建的部分。”佐藤说。

“剥下壁纸和墙板，竹小舞从土墙里显露出来，由此可知这是用古老的工法建造的房屋。从柱子的粗细也能判断得出，原始部分大概有80年历史了吧。”

改造作业好似化妆一样。先仔细给房间卸妆，现出素颜后再重新上妆。当沙壁上的沙粒全部脱去以后，灰色的墙底显现出来，颜色很有冲击力，于是佐藤建议什么也不涂直接使用，这与吉村描绘的理想画面也非常吻合。

降低地板位置，让垂直空间得以扩展，再搭配吉村挑选的旧家具和别致的配件，舒心惬意的空间就此大功告成。

吉村长期从事音乐工作。据说在经营咖啡馆的过程中，他也不断发现有价值的音乐，并结识了许多投缘的朋友。而且，从遇见这个公寓，到委托佐藤改建房屋，也都是机缘巧合。看来，美妙的邂逅总会降临到与众不同的咖啡馆！

右页/店铺一角，灯光淡淡地洒在植物和家具上。

menu（含税）

混合咖啡 550日元以上

牛奶咖啡 700日元

自制蛋糕 500日元以上

红豆沙黄油吐司 450日元

Hummingbird Coffee

东京都目黑区鹰番2-15-22

镰仓庄102号

电话：03-6451-0455

15:00—23:00（周六、日13:00—23:00）

每周四休息，不定期休息

东急线“学艺大学”站下车，步行4分钟。

25

TENEMENT

在五轩长屋咖啡店 眺望天窗外的云朵

惠比寿

从右边数第二家，挂着白色暖帘的就是“TENEMENT”。在“TENEMEN”左边相邻的是书店。

当您漫步在土里土气的老商店街，寻找乐趣的秘诀就是关注建筑的二楼。您会发现地标建筑上还残留着古老的标志性装饰，还会发现有的建筑物看似独立，其实是三间合成一体的长屋。

白金北里通商店会位于惠比寿和白金高轮之间，那是一个先后躲过轰炸和旧城改造的稀有地段。街道上零星散布着还在营业的榻榻米店、蔬果店、豆腐店等。其中格外引人注目的是一座五轩长屋，里面入驻着五家新旧不一的店铺。

“TENEMENT”是其中一家。进店之前，我先到马路对面尽情欣赏了一下建筑的全貌和二楼的风情。要知道，这可是大正时代的建筑啊！

音乐家猪野秀史是“TENEMENT”的老板，店里正播放着他演唱的歌。我误以为唱歌的是细野晴臣[1]，“经常有人说他俩声音很像。”店长小森宏子笑

1 细野晴臣（1947年—）：日本知名音乐家，2008年曾获日本“艺术选奖·文部科学大臣奖”。

左上/一楼客席。据说改造前的楼梯朝相向相反，中间还有个洞。店内随处可见的小鹿图案是老板唱片公司的标志。

左下/巧克力芝士蛋糕配欧蕾咖啡（850日元）。蛋糕常备黑豆芝士等八种口味，每种都很受欢迎。

右/二楼的天窗小屋。老板的音乐访谈或工作碰头会有时也在这里进行。

menu（不含税）

咖啡 450日元

红茶 650日元

蛋糕套餐 850日元

沙拉午餐 1050日元

太阳蛋咖喱饭 900日元

TENEMENT

东京都涩谷区惠比寿2-39-4

电话：03-3440-6771

11:30—23:00

无定休日

东京地铁“广尾”站下车，步行10分钟。

着说。小森还告诉我，细野先生也住在附近，时不时会过来。

猪野和他的团队原本就喜欢喫茶店，他们在散步时发现了这座无人问津的五轩长屋，经过一番改装，于2002年开启了充满魅力的咖啡馆经营之路。

猪野说："房屋内部已是破旧不堪，不过木匠说二楼的房梁和柱子组装得特别牢固，以前的木匠真是手艺过硬。这倒让我犯起难来，不知该改造到什么程度好。"

据说老板一心想要个天窗，就在二楼增加了一间小屋子。坐在这个不可思议的屋子里，我们仰头就能看到云朵从头顶悠闲地飘过。原来在这个位于市中心的放空之所里，还隐藏着另一个放空之所啊！

白色的墙壁上葡萄藤攀延缠绕，结出累累硕果。这座似曾相识的乡村小教堂或许在哪部欧洲老电影里见过吧，我暗自思索。

石灰墙壁、斜射进屋里的青白色光线、沉甸甸的蜡烛台、边缘磨损的玛利亚像……你能相信这座2层木屋已有60年历史，而且原本是日式房间吗？

为房屋施以美丽魔法的是意大利人罗山·席尔瓦。他先被镰仓市的一座小型旧民宅深深吸引，创建了第一家咖啡店“老房子”（la maison ancienne）。而后，他又改造了这座小木屋，把一楼建成面包作坊和服饰杂货店，二楼建成咖啡店。

“光的平衡很重要。”席尔瓦和我聊起空间设计。为此他故意堵上一些窗户，用昏暗的空间凸显光亮。

26

乡村生活（La vie a la Campagne）

感受欧洲乡村生活的咖啡空间

中目黑

2012年开业。放置在门口迎客的木马是二手货。

小木屋的主题是乡村生活，开始制作面包也是因为这个主题。“日本的面包含有很多黄油，十分松软，可是却很少有意大利人常吃的那种朴素的面包，所以我决定自己做。”

席尔瓦还说，乡村昔日的日常饮食本就是简单朴素的。“招待客人的食物也不过是面包和蔬菜汤之类，即使是不太新鲜的面包，大家也吃得有滋有味。”

与店铺同名的餐品“乡村生活”（La vie a la Campagne）正是在这样的思路下诞生的。把面包掏空，倒入浓菜汤和白色调味汁，再盖上芝士，用烤箱烘烤。

“就算是旧物，也要珍视它作为生命的价值。”席尔瓦这句话适用于衣食住的各个方面。

左/“乡村生活”套餐，附咖啡（1500日元）。

右/二楼咖啡店使用的旧家具中还有百年前的物件。

左/靠背的背面设计了能放圣经盒的教堂椅。

右/“每件都是我心爱的物品。”席尔瓦说。店内的每个细节都很吸引人。

● menu（含税）

咖啡 600日元

香草什锦茶 700日元

自家制柠檬水 700日元

蛋糕套餐 1100日元以上

每日三明治午餐 1500日元

● 乡村生活
（La vie a la Campagne）

东京都目黑区上目黑2-24-12

电话：03-6412-7350

9:00—22:00（周三9:00—18:00）

无定休日

东急线“中目黑”站下车，步行6分钟。

27

藤香想

在鸟儿鸣啭的庭院
欣赏四季风景

要町

改装以前是和式空间。

左上/小鸟的饵食盒。庭院就是鸟的天堂。

右上/2015年2月开业。后面是个宽敞的庭院。

下/窗户被四季风景染成不同色彩。

庭院里的绿色反射在窗边的桌子上，泛起一片光亮。我环视这个空间，玻璃窗无疑是所有可见之物的主角。大大的玻璃窗是为了欣赏庭院美丽的四季而设计的。

空间里还有看不见的主角，那便是从江户时代流传至今的逸闻轶事，以及用舌尖感知的美味。美味的源头是来自千叶县香取郡东庄町农家生产的大米，还有酱油老仓库的生榨酱油。东庄町正是店主本桥香里祖父母的故乡。

在绿意盎然的庭院后面，建有一座别具风情的主屋，本桥就在那里出生长大。她得知同一宅区里有一座1958年建造的房屋正闲置着，在反复思考一年以后，她决定把它改建成咖啡店。

使用日本国产牛肉制作的烤牛肉盖饭套餐“陆”（1290日元、含税）。“海”是海鲜盖饭套餐。

“院子里以前搭着紫藤花架。听说大约从江户时代到明治时代，我家四代以上的祖辈一直种植紫藤花去街市上卖，积累下了家业。”

本桥原本也想在咖啡店的小露台上搭个藤架，无奈在抗震上遇到问题，最终只摆了一个盆栽。

从没经营过咖啡店的本桥为何要开这家店呢？“我不想让这个庭院和房屋闲置着，我请很多人来看过房子，一直在商量怎样才能把它留下来。过去，附近的人们每天都从这里自由进出，还坐在檐廊上喝茶。这样的人际往来如今已经不复存在了。”她说。

本桥的童年在四世同堂的大家庭度过。如果咖啡店能起到像檐廊一样的连通作用，复苏昔日人与人之间的来往该多好——这便是“藤香想”的愿望。

开业四年以来，咖啡店博得社区居民一致好评。有人钟情于这里的食物，因为食材都是当地商店清早送过来的；带孩子的妈妈们喜欢在二楼的和式房间里陪孩子玩耍；还有人说想看雪景，特意在庭院银装素裹的日子赶来。

“景色很美。庭院在白雪的映衬下非常明亮。”

在这样特别的日子里，咖啡店里的交流似乎拉近了人与人之间的距离。

本桥还参与了保护文化遗产的活动。在距离咖啡店步行约5分钟的地方，保存着丰岛长崎的富士塚[1]，它作为展现江户庶民信仰的象征物，被指定为日本重要有形民俗文化遗产。

1 富士塚：在日本人心中，富士山是神灵存在的地方。江户时代，出于对富士山神的信仰，人们在各地模仿富士山修建了人工的山或塚，称为富士塚。

上/墙壁成了展示艺术作品的地方。昭和初期，要町一带建造了许多专门出租给准艺术家的工作室，要町因此被称为“池袋蒙帕纳斯”。源于这样的历史，这家咖啡店也经常举办各种艺术活动。

下/改建时去掉了天花板，将房梁裸露出来。

“我在考虑如何与社区连接起来的同时，也在考虑如何连接未来。”

紫藤和富士[1]。这两个同出一脉的心愿，都在这个咖啡店里被继承下来。

1 紫藤和富士：在日语里“藤”和“富士”的发音相同，都是ふじ(fuji)。

menu（含税）

咖啡 540日元

日式红茶（壶装）700日元

茜草饼 540日元

自家制泡菜 480日元

海鲜盖饭套餐“海”1290日元

藤香想

东京都丰岛区要町1-38-11

电话：03-6909-4602

11:30—21:00

周二休息

东京地铁“要町”站下车，步行5分钟。

28

莲月

为多年来深入人心的荞麦面馆续写故事

池上

抹茶糯米团子红豆冰激凌（650日元）和莲花茶（600日元）。

昔日在此住宿的旅人上下楼使用的楼梯。

池上本门寺的门前町[1]格外安静，静得可以听见寺院早晚的钟声。在寺门外不远处，矗立着历经90载岁月洗礼的“莲月”。独具风格的屋顶曲翘流畅，像是在向世人诉说着自己的身世。这座建筑原本是寺院的住宿设施，由专业的寺院木工建造。在钻进蓝色的暖帘以前，我已被它优美的外观深深打动。

进入店内，那些保留着昔日原貌的门窗、天花板，以及旧式的款台又让我过目难忘。玻璃窗上残留着“名代荞麦面”几个字，墙壁上还贴着已经斑驳的荞麦面价目表。这个建筑在改造成咖啡馆以前一直是荞麦面馆。

“一到傍晚，“莲月”里流淌的时间就开始‘失真、变形’。”老板轮岛基史说道。

“时钟上的一分钟变成十分钟，在发呆放空的时间里，你变成了不属于任

1 门前町：大型神社、寺院等宗教建筑周围形成的街区。因为参拜者众多，街区里多是做参拜者生意的店家。

荞麦面馆时代是铺着榻榻米的空间，改建后换成了木地板。

何人的自己。”

让自己从身体里解放出来，飘浮在空中。如此不可思议的傍晚，似乎真的在莲月降临了。

说到不可思议，还要说说轮岛冒着巨大的风险接受委托，创建古建筑咖啡馆，并忘我地经营至今的缘由。他的动机也曾是我心中小小的谜，不过通过这次采访，这个谜底彻底被解开了。

先介绍一下建筑的历史和轮岛成为“莲月”老板的经过。建筑在1933年竣工之初，作为寺院的住宿设施使用，第一代荞麦面馆在战前入驻，一楼是店铺兼自家住处，二楼是客栈。1959年第二代荞麦面馆“莲月庵”开张。自此以后，一楼作为本门寺参拜者歇脚吃饭的地方，二楼作为当地人的聚会场所持续营业55年，成了深入人心的老店。

阳光透过格子窗倾泻而下，在吧台和地板上映射出美丽的图案。

2014年，荞麦面馆因老板年迈而遗憾闭店。再加之建筑已伤痕累累，将其拆除改建成公寓的计划被提上日程。

这个承载着历史的珍贵建筑，难道不能想办法留下来吗？当地的志愿者怀着这样的心愿发起了挽救项目。轮岛正是这个时候经熟人召唤加入进来的。

当时轮岛还在蒲田经营二手服装店。据说年轻人到他的店里来，不为买衣服，而为和他聊天说话。想必是因为不管开玩笑还是发牢骚，轮岛都欣然接受，给年轻人创造了可以容身的场所吧。也许是命中注定，就在服装店准备关门歇业的时候，轮岛从陷入困难的挽救项目组收到委托。“请您当店长，完成咖啡馆的改造重生吧。”那会儿轮岛正在考虑开一家供人们消磨时间的小餐馆。

中庭里的绿色令人身心舒缓，初夏盛开的绣球花更添意趣。

为了实现大家的愿望，轮岛在改建房屋、艰难交涉和招募店员等工作中忙碌奔波。2015年秋天，在众人的帮助下，完好保存原有建筑外观的“莲月”咖啡馆开业了，它的主题理念是“家人”。

在咖啡馆博得好评以后，轮岛也不忘积极参加当地的老年人聚会，加深和大家的交流。他还为来“莲月”做功课的学生提供饮品半价的“自习折扣”，尽可能让“莲月”成为连接几代人的纽带。轮岛深知，若是没有下一代继承，不管是“莲月”，还是这块土地上连绵不息的文化都将就此消失。

上/墙上装饰的是荞麦面馆时代的吉祥画。

右/二楼是榻榻米房间，纸拉窗上的细木条十分精美。改建时去掉了拉门，形成这个32张榻榻米大的客厅。

“有一位高中生经常在‘自习折扣’的时间来店里学习，我不时准备些点心，跟他说说话。我说：‘创造未来的可是你们啊！’”

后来这位高中生顺利考入了理想的学校。听说他提出在“莲月”打工助学，现在已经干了很长时间。

“轮岛先生就像大家的父亲一样啊！”听我这样一说，轮岛谈起了已故的父亲政一先生。

“父亲每天都去公园遛狗。一天，母亲代替父亲去遛狗，公园里的人见到母亲便对她说：‘多亏了牵这条狗来散步的叔叔帮我们除草，现在公园干净多了。’”

墙上挂着战时的荞麦面价目表，当时的货币单位还是“钱”。玻璃窗被台风吹破时，一部分价目表也随风剥落，现在看上去更有年代感了。

建筑外观保留着过去的样子，改建时多亏了宫殿木匠们精湛的手艺。

有关父亲无偿奉献或帮助别人而收获感谢的轶事，轮岛从身边人口中听得太多太多。据说随着年龄的增长，轮岛的相貌和身材都越来越像父亲了。大概思考问题和行事的方式也更像了吧。

已经退休的荞麦面馆老板也经常来咖啡馆坐坐。据说玻璃窗被台风刮破的时候，老板的女儿多次召集朋友来吃饭，说是为补贴修理费用尽绵薄之力。

● menu（含税）

咖啡 550日元
红茶 600日元
华夫饼 550日元
黄油吐司 550日元
莲月豆咖喱 1000日元

● 莲月

东京都大田区池上2-20-11
电话：03-6410-5469
10:00—18:00（17:30结束点餐）
不定期休息
东急线“池上”站下车，步行8分钟。

2009年开业。较之改装前的卷帘门，现在这个古风店门韵味十足，打造出与小木偶协调的空间。

29

喫茶 居桂诗

可爱、神秘、哀愁——小木偶的小宇宙

千岁船桥

左/守护着客人进出的小木偶们。

下/午餐“普罗旺斯杂烩焗饭”（1000日元）很受欢迎。绿色的是冰激凌苏打水（650日元）。

右页/楼梯后面的小桌席被大家称作“自习室”“反思室”，很有人气。

在本书介绍的古建筑里，这个20世纪70年代建造的栋割长屋[1]是历史最短的一家。严格说来它还不满50年，不过店内不断增加的小木偶数量却已是50的很多倍。这实在是一家很有魅力的店铺，一定要介绍给大家。

房屋以前是洋食店，后来经历了大改建，地板和天花板都被去掉，还装上了从古物店置办的旧门窗。改建后的空间成为一个在沉静的氛围中，闪烁着宛如“小酒窝”般灵动光芒的喫茶店。

倘若您是初次来店，请不要急着拉开店门，先欣赏一下窗户上的展示物吧，那里有第一批小木偶向您问候。

“有些客人对木偶摆件心怀抵触，所以我想应该提前告知，店内有木偶存在。”店主鞠珠子爽快地说。也许这些人在小时候，曾经对那些发黄变色的旧木偶感到恐惧吧。正因为能冷静、客观地看待自己倾注热情收集的物品，店内随处可见的小木偶才没有引人反感，反而让客人带着寻宝的心情乐在其中。“呦，竟然这里也有！”

1 栋割长屋：一种住宅形式，长屋的一种。房子沿屋脊被分为前后两排，每排再等分成数个房间，每个房间通常为3.6米长、2.7米宽。

左 / 在以焦茶色调统一的空间里，小木偶与各种小摆件的颜色融为一体，赏心悦目。

右页 / 二楼。和式家具和洋式家具相得益彰，毫无冲突感。

我一边伸手拉店门一边抬头张望，发现了悄然潜伏的第二批小木偶，不禁会心一笑。

一楼的吧台由设计师甄选的一整块木板做成，大大小小的木偶汇集其上。我登上窄窄的楼梯来到二楼，感到空气里荡漾着悠闲的气息。二楼的拉门已全部被客席取代，无论我坐到哪个位置上，都能发现微笑迎客的“小酒窝”们。每张桌子上都摆放着可爱的糖罐、台灯和植物，无不是经过清洁的、干净的旧物。我询问店主如何选择书和音乐。“都是自己喜欢的。”小鞠笑着说。

仅靠收集喜欢的东西，又怎能打造出如此与众不同的店铺呢？只有对客人们付出无微不至的关爱，这个空间才可能充满生机，得到大家的喜爱。

“我始终保持着恰到好处的轻松心态。这里基本上只有我一人打理，因此难免让客人等待，但我尽可能不让客人有所觉察。”

为此，对于书架和吧台上摆放的书，“在选书的过程中我总会带着快乐的心态，猜想看书的人翻到这一页会扑哧一声笑出来。”

小鞠所倾注的无限热情令人感同身受，想必也正因为如此投入，才吸引了许多客人反复光顾，久处不厌吧。

“神灵寄宿在细节里，这句话真对啊！”小鞠说。

此刻，小木偶们一定都扬起了小酒窝，同意地点着头吧，我也不禁畅想起来。

menu（含税）

咖啡 500日元
红茶 500日元
蛋糕套餐 950日元以上
三明治套餐 950日元
肉碎咖喱套餐 1150日元

喫茶 居桂诗

东京都世田谷区樱丘2-26-16
电话：03-5477-4533
11:30—22:00（21:30结束点餐）
每周六、日及节假日11:30—21:00（20:30结束点餐）
周三休息
小田急线“千岁船桥”站下车，步行1分钟。

30

haritts

无比美味的甜甜圈 连洞都想吃掉！

代代木上原

用发酵面团制作的蓬松软糯的甜甜圈配精品咖啡，这便是“haritts”人见人爱的招牌美食。“haritts”的1号店就坐落在住宅区里一条幽静小路的巷口。

客人们络绎不绝地来到陈列柜前挑选甜甜圈，脸上写满认真和幸福。

店铺是一栋近50年历史的独门住宅。改建工程并不复杂，外观未做改动，只粉刷了室内的地板和墙壁。

“我想尽可能保留‘家’的感觉，住宅原有的茶色和白色搭配得很协调，于是决定连颜色也不变了。”店长丰田说。

“用出了风味的旧木头有种特别的质感，那是新建筑替代不了的。客人经常说这里‘让人安心’，我想这就是老建筑的力量吧！”

上/2004年姐妹二人从移动售货车开始创业，2006年开了这家店。

右/刚炸好的甜甜圈松软可口，可以在小巧舒适的店内用餐区尽情品尝。

下/口感如云朵般轻盈的原味甜甜圈（150日元）、可可原味甜甜圈（150日元），以及中国台湾产的茶（370日元）。

menu（含税）

美式咖啡 340日元

拿铁咖啡 390日元

甜甜圈

—奶油芝士 240日元

—木桂葡萄干 173日元

haritts

东京都涩谷区上原1-34-2

电话：03-3466-0600

09:30—18:00（每周六、日及节假日11:00—18:00）

每周一、二休息

※可能临时休息或临时变更营业时间，准确信息请见官网。

东京地铁或小田急线“代代木上原”站下车，步行2分钟。

第2章

沿街的家居，林中的古建筑

多摩地区的古建筑咖啡馆多位于绿意葱茏的森林或庭院里，这些古老的建筑向我们无声地讲述着昔日林业和纺织业盛极一时的风貌。让我们一边遥想丝绸、棉布等织物被运向远方的景象，一边品尝美味的咖啡吧！

东京都下[1]
古建筑咖啡馆

1 东京都下：指东京23区以外，东京都辖区以内的区域。

31

小机宅邸 喫茶室 安居

西化风潮下憧憬洋馆[1]的男子建造的家宅

武藏五日市

左/二楼阳台视野很好。小机笃说他喜欢山樱盛开、新绿吐蕊的季节。

上/二楼窗扇上的玻璃大小各异，较小的制于明治年代，大一圈的制于大正年代。

走上平缓的石板坡道，只见一座白色的洋馆在蓝天下熠熠生辉。我被带有阳台和圆柱的浪漫外观打动，想用相机拍下建筑的全景，奈何视线总是被玄关前一棵巨大的松树遮住。

“那棵树叫大王松，通常长得非常高大。你看，这时候它还没成形呢。”小机宅邸第十一代当家人、自称“现役樵夫”的小机笃边说边向我展示明治时代的宅邸照片。

小机家族在江户后期凭借山林业发家，成为对五日市的现代化发展有突出贡献的名门望族。眼前这座洋馆是1875年第七代当家人小机三左卫门建造的家宅。

1 洋馆：也叫西洋馆，泛指日本从开国到第二次世界大战之前在国内建造的洋式建筑，多指住宅。

这座1875年建造的拟洋式建筑可以称之为殖民风格的藏造建筑。

“三左卫门前往深川木场做木材交易时，看到竣工不久的银座炼瓦街[1]，很受震撼，说要建一个一样的，于是就建在这里了，就像去了趟看房中心选择样板房一样。”小机笃说。

话虽如此，可当时毕竟尚处于明治初期，完全不具备西洋建筑知识的木工们只能运用日本传统的建筑技艺，边看边模仿并完成搭建。这个挑战就如同日本点心工匠平生第一次见到裱花蛋糕，不知道鲜奶油、蛋糕坯的制作方法，最终用日本点心的材料和技术再现了西式蛋糕的外观。

因此，即便这是一座从正面欣赏是2层洋馆的建筑，转到侧面再看，却依旧是老的藏造建筑[2]的样子。总之，这就是一座用大胆的创意融合日本本土元素和西洋元素，有一点怪异，却又让人爱不释手的拟洋式建筑。

1 银座炼瓦街：日本最早的欧美式街道。1872年东京银座一带因火灾化为废墟，明治政府以“都市防火化”为目标，在银座修建了可与欧美街道媲美的砖瓦街区，即银座炼瓦街。“炼瓦”在日语中是“砖”的意思。

2 藏造建筑：日本传统建筑形式，以木材为骨料，外面包裹厚实的土料，是日本典型的防火建筑结构，常见于仓库，也叫土藏建筑。

上/客人也可以在客厅后面的日式房间里用茶。

右/小机笃手工制作的芝士蛋糕（500日元）和冈山产红茶（600日元）。

移步室内，细致入微的设计同样令人赞叹。我兴奋得有些不知所措，决定暂且到喫茶室小坐片刻，平复心情。喫茶室分设两处，一处是大约60年前改装的家庭聚会用的西式房间，一处是靠近里面的日式房间。我品尝着芝士蛋糕和女主人冲泡的红茶渐渐放松下来，仿佛浮在空中的双脚重新落回地面。

西式房间里有一个用大谷石和耐火砖砌成的暖炉。

“暖炉的养护和点火一直由父亲负责。暖炉是他自己设计的，可能他喜欢做这些事吧，只是弄得天花板上全是烟渍（笑）。”

爽朗的当家人带我参观了洋馆内部，第一个亮点是玄关土间的墙壁。我以为墙壁上的围绕在采光纸窗四周的是一幅“双兔戏浪”的浮雕作品，谁知那竟然是泥瓦工匠用抹子抹出的图形，真是出神入化的手艺啊！

玄关的土间。墙壁上双兔戏浪的抹绘图案令人叹服。左侧日式房间里的电灯极不寻常，那是大正时代的当家人小机三造在五日市修建水力发电所，为地区通电时立下汗马功劳的佐证。

“兔子是三左卫门的属相，兔子的形象在家里随处可见。”

土间左边的日式客厅以前是小机笃祖父母的起居室。现在，这个铺着榻榻米的空间里，法式窗扇和日式拉门共存，成了不折不扣的日洋合璧的房间。

“房间里连壁龛都没有，因为不想奢侈。木材用的是自家山上的，都是带着木疙瘩、不能当商品出售的。”小机笃说。

物尽其用的作风还隐藏在壁橱的拉门里。拉门内侧贴着和纸，上面密密麻麻地写满了文字。

“过去练字用废的和纸也不能浪费，还要像这样，在外人看不见的地方继续发挥作用。他们说墨水有防虫作用，真是生活的智慧啊！”

左/2011年5月，客厅开始作为咖啡店接待客人。店名“安居”一词的原意是僧侣在一段时间内足不出户、封闭修行。此处用作店名，表达了店主希望客人在此度过安稳宁静的时光。

右/精美的旋转楼梯。

在通往二楼的旋转楼梯上，我被宛如中国清朝家具一般的装饰设计深深吸引。不仅每级台阶的镂空雕刻都迥然不同，扶手的线条也优美流畅。这个楼梯据说并非在这里建造，而是用大板车从别处运过来，严丝合缝地嵌进去的。

我轻轻踏着光艳的楼梯来到二楼参观。二楼的空间相当大，现在用于举办活动，据说以前是用衣橱隔开的寝室，小机笃和父母都在这里就寝。

小机笃站在屋子中央，冲我指了指天花板。

“能看见房梁上的裂纹吧，我小时候就睡在它下面。”

白色的房梁乍看像是混凝土材质，其实是在松木外面涂了一层灰泥。

“房梁也是二重的，和藏造建筑一样。墙上的污痕是在修复关东大地震震落的墙体时留下的。人力制作的东西一旦放任不管，很快便会腐朽。”

据说在过去的40年里，小机宅邸已经进行了三次大规模维修。我来到阳台上，仰望大王松的枝叶，想到世代子孙为继承这座见证时代变迁的独一无二的家宅所做的一切，心生无限感慨。

● menu（含税）

咖啡 500日元

抹茶（附日式点心）800日元

苹果汁 500日元

● 小机宅邸喫茶室 安居

东京都AKIRU野市三内490

电话：042-596-4158

11:00—17:30

每周二至周四休息

JR“武藏五日市”站下车，步行10分钟。

站在二楼俯瞰玄关，被阳光照亮的部分是土间。

32

茧藏

承载着织物老街繁华记忆的大谷石仓库

东青梅

青梅自古以来就是繁华的驿站和纺织品生产地。今天这里所展现出的葱茏恬静的自然风景，让人无法想象在昭和二十年代至三十年代，也就是青梅迎来包裹被褥的棉织品“青梅寝具织物”生产全盛期的时候，织布机的轰鸣声曾响彻整个街区。

昭和时期将卡车侧倒装卸青梅寝具织物的场所，如今已变成美丽的庭园。园中的七灶花楸枝繁叶茂，结出红艳艳的果实。

附设宽敞展廊的“茧藏”是由青梅织物工业合作社掌管的旧仓库改建而成的。2000年它作为咖啡馆开业时，古建筑咖啡馆的数量还屈指可数。

据说在最初十年里，茧藏没能被广泛认知。然而厚重的大谷石空间所展现出来的魅力，以及用丰盛的本地食材制作的主题料理“丰盛的日常美味”渐渐为咖啡馆博得人气，现已不乏远道慕名而来的客人。

这座建筑在大正末期竣工，正式的名称是“旧织物发券仓库”。在东京市内生产的各式青梅寝具织物都被集中到这个仓库里来，完成质检后用卡车发往日本全国。

上/入口旁边的墙壁上装饰着以前的仓库大门。

左/午间套餐“茧膳”（1600日元）由一汁五菜及米饭、甜品、黑豆茶组成。当天我还幸运地品尝到了“期间限定”的山药豆米饭。

二楼展廊屋顶的木架结构十分壮观。

上/位于茧藏对面的青梅纺织工业合作社占地相当不小。那里的旧纺织工厂已被改建成“樱花工厂”，一些年轻人在里面开起了工作室和小店。

左/残留在工厂一角的织布机。

店主庭崎正纯告诉我，“据说那个时候，仓库从一楼到二楼都堆满了布料。”

“那时没有楼梯，布料靠挂在二楼房梁上的滑轮上再被吊上来。人们上下楼则要爬梯子。”

庭崎偶然发现了这个仓库，深深地被它吸引，便向织物工业合作社表达了租用意向。他花费三年时间反复修改企划书十余次，才终于获准租用。然后又花了一年进行改建。

“内部非常破旧，地板和墙壁都脱落了。我把大谷石和石灰墙几乎原样不动地保留，只适度改装以提升现代感。”

入口处左右对开的旧门内侧，还有一扇崭新的大门。我看着大玻璃上流畅的线条自言自语道：“这是新艺术运动[1]风格啊。”庭崎微笑着说：“我正在给‘茧藏’二字设计字体。”还请大家来店时仔细解读一下吧！

我无意间抬头望见屋顶上的横梁，粗硕得令人惊讶。

“这是红雪松木。不过二楼的整个西式屋顶其实是靠大谷石支撑的。”庭崎说。

大谷石仓库长年守护着青梅的纺织产业。即使现在寝具布料已不再生产，它依然向后世展示着青梅纺织业昔日的魅力。庭崎提议，将茧藏对面的锯齿形屋顶的老纺织工厂也保留下来。现在，那里被开发成艺术空间，一批年轻艺术家们入驻其中，和茧藏一起传承着街区的记忆和历久弥新的文化。

menu（含税）

咖啡 500日元

茧藏特制 黑豆茶 500日元

豆腐奶冻 600日元

素菜拼盘午餐1000日元

藏膳 3000日元

茧藏

东京都青梅市西分町3-127

电话：0428-21-7291

11:00—17:00（16:30结束点餐）晚间需预约

全年无休（年末、年初及夏季休业除外）

※可能临时休息或变更营业时间，具体信息请参见官网。

JR“东青梅”站下车，步行8分钟。

大谷石墙壁常年保护着织物免遭火灾。

1 新艺术运动（Art Nouveau）：19世纪末到20世纪初，在欧美各地同时流行的装饰风格。其名称源于1895年末艺术品商人萨穆尔·宾在巴黎开设的店铺“新艺术之家”（Maison de l'Art Nouveau）。这家店铺展示了大量以优美曲线或曲面为特征的工艺品，博得了很高的人气。1900年，萨穆尔·宾在巴黎世界博览会上举办的展览大获成功，“新艺术运动”在巴黎得到广泛认可，并在欧洲其他国家广泛传播。

33

noco BAKERY&CAFE

在锯齿屋顶的工厂里 品味面包与咖啡的幸福

青梅柚木

上左/咖啡（500日元）。黑麦及石磨全麦粉面包。加入葡萄干、醋栗、坚果的黑麦面包。香芋面包（240日元）。苹果面包（380日元/2个装）。

跨页/新店大门是以前的租户“椿堂”的木家具艺师制作的。

右页上右/靠近锯齿屋顶的高窗为室内引入充沛的阳光。

“noco”现在是一家面包咖啡店，店内散发着天然酵母面包、烘焙糕点和深邃咖啡的混合香气，靠近房顶的高窗设计让店铺整日都沐浴在柔和的阳光里。过去这个建筑是生产“青梅寝具织物”的工厂。

面包咖啡店由佐藤晋里·惠理奈夫妇共同经营。晋里选用自烘咖啡名店“发条云”的咖啡豆，在研

磨之后按照店主当面传授的萃取方法制作咖啡。惠理奈则每天凌晨三点进入厨房，烘烤用液态天然酵母发酵的面包。店里使用的果酱、奶油也都是他们亲手制作的。

“教我做面包的老师把传承了18年之久的酵母种液分享给我使用。我的女儿有过敏症，所以面包也只能吃自家做的了。”惠理奈说。

面包淳朴丰厚的味道和软糯的口感备受好评，很多顾客专程从很远的地方前来购买。然后在店里喝一杯优质的咖啡，搭配惠理奈按母亲祖传的配方制作的芝士蛋糕。

不过，“noco”的魅力可不仅限于此。即使现在不再生产寝具织物，它依旧一脉相承地继续“纺织出”美好的故事。用时间的经线和纬线织出的新图样有“锯齿”，有“弹簧”，还有“发条”。

上/正在萃取咖啡的晋里，他也是一位资深的平面设计师。

下/杂货和花朵饰物十分精美。店内一角还点缀着古老的弹簧。

建筑朝北的三角形屋顶被称作“锯齿屋顶”，当初是为了避免阳光直射进屋里，利用光线折射的原理，让车间靠里的地方也能整日获得充足稳定的光线而开动脑筋设计的。纺织工厂停业后，这里先是变成弹簧工厂，不久就成为空屋，直到被一位木家具艺师相中，作为工作室租用下来。

故事讲到这里将进入新的篇章。2014年深秋的一天，敬爱的发条云咖啡店主告诉我，在原来的弹簧工厂将诞生一家使用发条云咖啡豆的面包咖啡店。“听说当年建造工厂使用的木料里，还有超过百年历史的味噌窖的房梁。我一想到发酵菌即将从长眠中苏醒，与酵母翩翩起舞，就兴奋得不行。”发条云咖啡店主说。

“要说缘分真是不可思议，从租借弹簧工厂的木家具艺师，到改建面包咖啡店的设计师，都是发条云的客人。这简直像小说一样，准确地说，这个场所已被写进小说《自由高度H》*里了。”他接着说。

于是我连新店的店名也忘了问，即刻把小说找来看完了。几年之后，在我采访“noco”的时候，佐藤夫妇拿出这本《自由高度H》来，我当即惊讶得跳了起来。书里写到的场所正是这里——锯齿屋顶的“noco”！

北侧宽敞的空间是举办活动用的。

*《自由高度H》，作者穗田川洋山（文艺春秋出版）（作者注）。

menu（含税）
欧蕾咖啡 600日元
红茶 500日元
浓厚芝士蛋糕 400日元
贝果 180日元以上
应季蔬菜比萨 350日元

noco BAKERY&CAFE
东京都青梅市柚木町2-332-2
电话：0428-27-5456
11:00—16:00
每周二、三休息
JR“二俣尾”站下车，步行14分钟。

面包有主食面包、贝果、半硬面包、司康等，多达二三十种。主要原料是日本国产面粉、四叶黄油、蔗糖、姜黄盐等。

真心实意地对待工作和生活的人们之间，会不断“纺”出缘分的线。有这样两个人，她们希望创造一个能同时带来美味和喜悦的空间。惠理奈向我讲述了她的童年回忆。

“当时妈妈开了一家店，每天傍晚带我一起回家时，她总会在我的外衣口袋里放一块好时巧克力。我找到巧克力吃掉时的开心和满足，至今记忆犹新。”

现在，“noco”正渐渐成长为像“口袋中的巧克力”一样的存在。有一位特别爱吃“noco”家面包的小粉丝，用稚嫩的平假名[1]给惠理奈写了一封信。在锯齿屋顶下，温暖人心的故事又翻开了新的篇章。

1 平假名：日语中的一种表音文字，类似汉语的拼音。

左/用当地种植的新鲜蔬菜和长野县食材制作的当日午餐（10:00—14:30）颇受欢迎，午餐包括一道主菜、五种小菜、甜品及饮品（1500日元）。可能满座，请事先预约。

下/2018年2月开业的古建筑MUKU，设有儿童活动场所。

34

MUKU Cafe

从长野县移建而来的古民房
关爱孩子们成长的家

青梅新町

“还是重新建一个更划算……”进行过大规模旧房改造的咖啡店主们异口同声地说。改造旧房尚且如此，迁移整座房屋就更不用说了，要仔细解体旧房，清洗运输旧木料，再到新土地上重新组建。这样复杂的大工程，恐怕只有真正铁了心的人才能完成。

古民房MUKU原本位于白雪皑皑的长野县鬼无里地区，经过解体迁移和部分重建后，成为一座综合设施落户青梅新町。一楼是咖啡店，二楼是从事房屋买卖和装修业务的“健幸工房志村”，旁边还有一座艺术工作坊，作为“MUKU游乐场”向孩子们开放。

咖啡店的大部分空间都可以脱鞋进入，让大家放松，白天会吸引很多父母带着孩子光顾，为此墙上特意挂起了各种精美的木制玩具。正当我凝神欣赏梯井上的装饰时，不知何时默默站到我身边的小女孩递过来一个木球，于是我俩

menu（含税）
咖啡 400日元
香草茶 400日元
经典巧克力蛋糕 500日元
法式蔬菜炖牛肉拼盘 1100日元以上
儿童餐 300日元

MUKU Cafe
东京都青梅市新町5-4-8
电话：0428-33-9558
10:00—16:00
晚餐17:00—21:00（限周六、日）
周三休息
JR“小作”站下车，步行23分钟。

栏间及储物柜也是从长野县运过来的。房屋的天花板很高，冬天用柴火炉取暖。

便投入地玩了起来。

“希望孩子们长大以后，也想把自己的家建成儿时玩耍的‘MUKU’那样。”项目企划员兼保育士资格持有者小泽说。

“健幸工房志村”为了向人们传递用天然材料建造房屋的魅力，提出了“继承优良旧物”的倡议，还创立了古民宅支援项目。据说这座在长野县发现的古宅已有百年以上历史，坡度很陡的屋顶里有养蚕阁楼，一楼还保留着古老的围炉里[1]。

组合新旧木材建成的“MUKU”从哺乳室到游乐场一应俱全，是一个为孩子们着想的充满爱心的地方。

1 围炉里：又叫地炉，在房屋客厅的地板上挖一个四角形的空间，铺上灰，放上柴或炭，生火使用，常见于日本传统的农家住宅，主要用于烹饪食物、暖房及照明等。

35

耕心馆

讲述多摩历史的富农之家

瑞穗町

古宅气派的大门左侧保留着一口井。宅地内共有四口井，分别用于制作酱油和提供日常饮用水。

虎耳兰开花了。志愿者们在院子里栽种了百余种山野花草，引来络绎不绝的拍照者。据说在东京都下，能一睹扇脉杓兰芳容的庭院唯有这里。

法式餐厅时代的华丽吊灯。

在带顶檐的板墙围出的住宅地里，保留着江户末期的富农细渊家族的主屋和仓库。房屋出售后被瑞穗町买下，从2001年开始作为文化活动举办地和咖啡店开放，深受人们喜爱。

穿过大门进入主屋，映入眼帘的是楼梯和流光溢彩的吊灯，这与我印象中的富农住宅大相径庭，让我颇感意外。

坐在咖啡馆内，我一边品尝咖啡，一边向馆长高桥和附近的乡土资料馆的泷泽请教了家宅的故事。

首先从富农细渊家的家族史说起。“耕心馆东侧有一条日光街道，是八王子千人同心[1]去日光东照宫的必经之路。当年街道一完工，不少心怀野心抱负的人就在沿街的位置占得一席之地。”

“细渊家族于1700年年初就早早在此置地安家，家宅取名‘大海道’，寓意沿着大道的家。”

耕心馆东门现在还悬挂着写有“大海道”三个字的匾额。这个家宅的历史便是多摩地区工业发展和生活变迁的真实写照。

“细渊家族的历代当家人都是富甲一方的名流，不仅执掌户长大权，还在明治二十二年（1889年）元狭山村诞生后担任了村长。”

从明治到大正时代，细渊家一直专注于养蚕业，据说他们加高了主屋的天花板，将二楼到四楼都用作蚕室，现在“耕心馆”二楼仍可见当时的印迹。

不久进入了昭和时代，养蚕业逐渐衰落，细渊家将桑田变成茶园，开始从事制茶业和酱油制造业。

“昭和十五年(1940年)的电话簿上，细渊家的职业记载是‘酱油制造业’，现在耕心馆的办公室就是当年的仓库。并且，先于其他所有地方引进机械制茶法的也正是细渊家。”

1 八王子千人同心：江户幕府设立的武士集团，居住于八王子市，主要从事保卫及治安。八王子千人同心曾在日光市长期执行任务，负责日光东照宫的火灾警戒等多项工作。

上/格调高雅的法式餐厅变成了喫茶空间，店面装修未做改变。

右/咖啡（390日元）。餐品中的炖牛肉很受欢迎。

过去曾是蚕室的二楼空间。现在这里放置着一架三角钢琴，同时成为人们欣赏音乐的场所。天花板上粗硕的木材有压倒性的存在感。

每当家业发生改变，房屋便要重建，仓库的用途也随之变化。

第二次世界大战以后，细渊家还曾尝试过造砖瓦。当时烧窑用的高烟囱现在还矗立在耕心馆西侧，夜晚烟囱在灯光的照射下宛如一座纪念碑。

menu（含税）

冰咖啡 420日元
狭山茶 390日元
苹果挞 460日元
热三明治 670日元
各种意大利面 700日元

耕心馆

东京都西多摩郡瑞穗町大字驹形富士山317-1
电话：042-568-1505
10:30—21:00（20:30结束点餐）
每月第三周的周一休息（遇节假日顺延至周二休息），年末、年初休息
JR“箱根崎”站下车，步行20分钟。

在乡土资料馆的传承广场上，有一棵枝繁叶茂的大榉树，树龄已超300年。在昭和四十年代，细渊家在这棵树的南面建了一个瓦楞纸拉门工厂。

“当时正赶上经济快速发展，公共住房大量增加，新型建材的生产一直供不应求。”细渊家族也与时俱进地从砖瓦时代迈向了新型建材时代。

到了平成时代，主屋再次被改造，作为高级法式餐厅开业。据说现在咖啡馆内的装修完全保留了当时的样子。

对于这个家宅以及我们现在所处的时代，究竟该如何定义？我抬头仰望房顶的吊灯，内心感慨万千。

36

茶寮 泽泻

在规整的独门独院里享受韩餐和咖啡

府中若松

薄暮时分，天边渐渐泛起青灰色，笼罩着人见街边一座独门独院的住宅。我穿过大门，一边欣赏着精心修整的庭院，一边踱步到玄关前。玄关旁边摆放着一块看上去颇有分量的瓦当，正中雕刻着家纹丸立泽泻，想必昔日正是它在屋顶上守护着这个家吧。

然而令人意外的是，在这座不折不扣的日式建筑里，端上桌的却是韩国的家常饭菜。

“关于这一点，我经常被客人发问。”和丈夫一起经营咖啡店的女主人河内笑道，“谁让主厨兼男当家是韩国人呢。”

对河内来说，这座建于1870年的家宅是一个充满回忆的地方。以前她曾和祖母、父母亲一起生活在这里。

和所有无隔热层的老房子一样，这个家冬天非常冷，连屋里都会结冰。

“清早起床后，妈妈要先打开电炉、火炉等所有取暖设备，还得在锅里烧上热水。后来，随着房屋日久老化，四面严重漏风，渐渐住不下去。大概十年前，我们搬去别的地方，这里成了空房。”

当时父亲说：“拆了实在不忍心，不如让邻里们在这里碰头聚会吧。”于是房屋被改造成可以作为饮食店使用的格局。

改建的重点是现在摆着餐席的土间及天井部分。房屋过去还有二楼和三楼，都是养蚕的地方。

“倒是没亲眼见过，不过隐约记得听谁说起，从玄关上二楼要先爬梯子再钻洞。客人还告诉我，过去这一带养蚕的农家很多，养蚕繁忙期恰好和盂兰盆节重合，所以唯有此地的盂兰盆节与别处的日期不同。”

左页/从带池塘的庭院远望家屋。

上/入口处的大门是翻修时建造的，左手边盛开着洁白的山茶花。

左/天井处的咖啡区。

下/泽泻套餐（1500日元），包括加入府中古代米的白米饭，富含多种蔬菜的五款韩式小菜，以及沙拉、汤、泡菜及饮品。

右页/日式房间和檐廊依旧是店主儿时的样子。现在这里没有作为咖啡馆开放，而是用于出租。

改建后的最初两年，据说咖啡店由河内的叔叔按照正统风格经营。2015年河内夫妇接管后改造成现在的样子，渐渐赢得客人好评，满座的日子越来越多。

河内夫妇以“地产地销”为原则，在米饭里特别使用了府中本地生产的古代米。对于午间套餐里的咖啡，他们也舍弃咖啡机，倾注心意手工冲调。

“这些地方可不能妥协啊！”河内说。

回忆起上小学的时候，河内说那时她并不喜欢老房子。

“西式房间里的布沙发有股怪味(笑)。怎么只有我家的玄关是推拉门……”

风景秀美的庭院里生长着两百余年的古树，石墙一角的樱花开得风姿绰约。花开时节，每当迷路的客人打来电话问路时，樱花树总是最好的路标。

menu（含税）

手冲咖啡 400日元以上

韩国茶 450日元以上

韩国糖饼 600日元

各种蛋糕 500日元

午餐拼盘 1250日元以上

茶寮 泽泻

东京都府中市若松町3-34-1

电话：042-302-3341

11:00—17:30

（餐品15:30结束点餐/咖啡17:00结束点餐）

每周三休息，有临时休息

西武线“多磨”站下车，步行10分钟。

37

柿木阳台

在大正时代家屋跃动的光影中流连忘返

八王子

上/品尝咖喱午餐的客人们通常在开门时集中到店，因此建议提前预约。若想避开高峰请下午四点以后光临。

右/绿荫掩映下的甬路。按照和房东的约定，院里供奉稻荷神的小屋被板墙围起。

江户时代的八王子是纺织品运输的中枢驿站，极尽繁华。如今当我漫步在黑塀大道上，昔日花街留下的印迹仍依稀可见。“柿木阳台”店主铃木孝子回忆道：“小时候街上曾经有一扇大门和成排的柳树，一条水道从中间穿过。”

在这片街区的一角，保留着一座数百年历史的古建筑，庭院里还种着柿子树。据铃木说，以前她在步行2分钟的通勤路上，总要远远眺望这座无人居住的古宅。

“当时我在父母开的超市上班，因为想开餐厅也同时在咖啡学校上课。为期一年的课程即将结束时，有一个介绍自己开咖啡店计划的口头演讲，有人建议我‘要充分利用手中资源’，当时我就想到了这座古宅。”

烟熏牡蛎咖喱配五彩炒时蔬（3个牡蛎1280日元/5个牡蛎1480日元）。午餐中最受欢迎的是用山形米泽猪[2]烹制的猪排咖喱（1380日元，含沙拉、小咸菜、饮品）

阳光洒在树叶上，为店内映射出漂亮的花纹。

● menu （不含税）

咖啡 480日元
皇家奶茶 680日元
两种蕨菜饼 550日元
12品当季蔬菜咖喱 1180日元
牛排蔬菜咖喱 1580日元

● 柿木阳台

东京都八王子市田町5-1
电话：042-634-8186
11:30—21:00
不定期休息
JR “八王子”站下车，步行15分钟。

铃木第二天就请人带她参观了古宅内部。经过与年迈的房东数次交涉，铃木终于以不碰触庭院里的稻荷神[1]为条件租下了房子。

“我听说家宅是从稻城市迁移过来的。大正时代，房东的姑姑只身嫁到八王子来，远离家乡倍感寂寞，于是她的娘家便将整个建筑当作嫁妆搬过来了。”

这座颇有来历的古宅被铃木改造得很有品位，自打作为主营欧式咖喱的咖啡店开业以来，很快便凭借精致的口味、实在的分量、丰富的品类赢得赞誉，成为一家要排队等位的人气店。

牵着爱犬一起来店的客人们在舒适的天台座席上谈笑风生。每到秋季，庭院里的柿子树便硕果累累，红彤彤、沉甸甸地压弯枝头。

1 稻荷神：日本神话中主管丰收的谷物和食物神。
2 山形米泽猪：山形县米泽市培育的猪肉。

38

森林工作室

在大自然的怀抱里 边享受美味午餐边聊天

八王子上恩方

在反复修缮和悉心维护下，300年历史的家宅存续至今。房屋内部是农家常见的田字形格局。

一个阳光明媚的日子，我从高尾站北口坐上开往阵马高原的下行大巴车。大约三十分钟后，随着离目的地越来越近，站名开始有了民间故事的味道，狐冢、力石、晚霞小烧。

我在下川井野站下车，眼前可见一座大大的家宅坐落在青山碧水之间，这就是“森林工作室”，据说它已有300年历史。

房屋的左半部和右半部可以明显看出建于不同时代。与其说是日洋合璧，莫不如说是古今合璧更贴切。我先走进房梁漆黑的一边，即有300年历史的左半部。

在榻榻米客厅和檐廊上摆放着年代久远的茶柜和矮桌，上面满满地陈列着各式杂货器皿，客人们正兴致盎然地参观。

右半部的房屋在昭和六十三年（1988年）经历了改建，现在非常明亮。此刻屋里已坐满了客人，都是事先预约前来品尝午餐的。石井里实·美保子夫妇退休后，重新改造了自己的家宅，开了这个展廊兼咖啡馆。

左上/合为一体的新旧立柱。古老的大黑柱上还残留着粗糙的刹刀痕迹，无声地昭示着建筑的历史。“江户后期建的房屋柱子更粗些，用刨子刨成了现在的样子。”

右上/午餐（1000~2000日元）需提前两天预约。店主在自家菜地种的蔬菜非常美味，好评连连。

为了方便来访者歇脚放松，1989年扩建的右半部分开放为咖啡馆。

● menu （含税）

咖啡 400日元

红茶 400日元

姜汁清凉饮料 400日元

当日甜品 400日元

午餐 1000日元以上

● 柿木阳台

东京都八王子市上恩方町4603

电话：090-4383-0387

每年4—12月期间、每月1—15日 11:00—17:00营业（11月和12月 11:00—16:00营业）

周一休息

※1—3月休馆

JR或京王线“高尾”站下车，乘公交车28分钟，“下川井野”站下车，步行1分钟。

里实说：“房屋多年来一直不断修缮，不然可坚持不到现在。在我小时候它是茅草顶的，还有围炉里和五右卫门式浴缸[1]。”

“现在它们倒是可以派上用场了。”美保子补充道。

“水池先前也损坏了，当时因为孩子小，为图方便就破坏了一半，保留了一半。”

当地的居民对咖啡馆给予了热情的援助，艺术家们在这里举办作品展，客人们则从很远的地方赶来探店。美保子说：“能在这个古老的建筑里产生这么多交流，真是令人欣慰。”

冬天，这里的气温比东京中心部低很多，然而对于喜爱咖啡的里实来说，越是在寒冷的日子里，柴火炉前的一杯热咖啡才越显得与众不同。

1 五右卫门式浴缸：相传在安土桃山时代，有一位名叫石川五右卫门的人，他在偷盗丰臣秀吉的财产时被抓，然后被放入铁锅中施以釜煎之刑。此后，人们便将底部可以加热的铁质浴缸称为五右卫门式浴缸。

左/彩色玻璃让人联想到森林和泉水的颜色。主屋及茶室“花侵庵”已于2018年11月入选日本有形文化遗产。

右/作为Hakenomori美术馆内部的喫茶店，这里从2006年开始连续营业10年。然后停业1年，于2017年转型为咖啡馆重新开业。

39

武藏野
Hakenomori咖啡馆

在画家的故居
浸染上山林和泉水的颜色

武藏小金井

左下/Hakenomori特制的欧式牛肉咖喱套餐（1400日元）。使用日本国产牛小腿肉制作，入口即化。

右下/秋季限定的“小金井芭菲”（600日元），用小金井产板栗制作。

下雨天，我穿过“Hakenomori”美术馆旁边的栅栏门，走上通往画家故居的石阶。无数的粉色花瓣从高大的山茶树上落下来，铺满湿漉漉的石阶。

咖啡馆是西洋画画家中村研一过去建造的宅邸，房屋从内到外都保留着初建时的老样子。中村在战火中失去了位于代代木的家宅和工作室，1959年他在这片森林和泉水环抱的土地上重建家宅后移居至此。

人字形的屋顶与武藏野的自然景观十分协调，让人联想到高原上的别墅。这是一座由建筑家佐藤秀三设计的日洋合璧的现代建筑。我推开玄关大门的一瞬间，便仿佛被复制了大地色彩的彩画玻璃反射出的光芒笼罩。

“下雨天客人应该很少，请慢慢享用。”店员对我说。据说大部分客人都是在散步途中顺道造访的。

坐落在Hakenomori（国分寺崖线）斜对面的旧中村研一宅邸主屋。宽宽敞敞的庭园也很气派。

menu（含税）

冰咖啡 500日元
格雷伯爵茶（热）500日元
经典巧克力蛋糕 500日元
咸香草戚风蛋糕配应季果碟 500日元
法式咸派与家常小菜拼盘 1200日元

武藏野 Hakenomori咖啡馆

东京都小金井市中町1-11-3
电话：070-4435-4353
10:00—16:30（16:00结束点餐）
※美术馆闭关期间11:00—16:30营业
周一休息
JR“武藏小金井”站下车，步行14分钟。

雨天留客，时间在难得的沉寂中静静流淌。客厅里有暖炉和钢琴，我品尝了牛肉咖喱和芭菲。牛肉咖喱模仿中村家的家常味道制作，芭非则用当地产的板栗制作。

中村研一在巴黎留学时就喜好美食，他在笔记本上留下了不少食谱。

“很多都是有法餐特色的食谱，需要‘融化足量黄油’”。研读过笔记本的女厨师告诉我。她正在用面粉、香料和黄油按部就班地烹制咖喱。

正当此时，一位年轻的女性客人走进店里，安静地弓身落座。想必这也是一位钟爱雨中咖啡的人吧！

40

CAFE D-13、偶尔变身五味食堂

飘荡在美国洋房里的咖啡香气

东福生

在横田空军基地[1]周边，现在还零星散布着20世纪五六十年代为美国军事人员建造的家宅，它们被称作“美军洋房”或“美国洋房”。

其中一幢已被改造成咖啡馆，位于D区13号楼。经营者五味夫妇把喜爱美国洋房的前辈们的传统沿袭下来，也称此建筑为“洋房”。

用肯尼亚基里木尤区种植的咖啡豆手工冲调的精品咖啡（450日元）及蓝莓芝士松饼（300日元）。

上午时段，很多住在附近的外国人光顾咖啡馆，“Have a good day!”“You too!”亲切的问候声回荡在空间里。

1 横田空军基地：位于东京都福生市（多摩地域西部）的驻日美军基地。

清爽的大柄冬青在前庭的空地上投下一片阴凉。洋房内部，古朴的木框窗户和瓷砖保存完好，与时尚现代的咖啡台相得益彰，整个空间改造得别致而舒适。我在柜台前仔细浏览餐单，最终选择了带果香的高品质咖啡和口味相宜的松饼。

五味夫妇二人从前都是兽医。“或许按照客人的喜好推荐咖啡和问诊看病之间有共通点吧。”他们半开玩笑地说。

在这荡漾着异国文化余香的空间里啜饮咖啡，思绪也会随之飞向更远的地方吧。我带着这样的遐想，取了做好的咖啡和松饼。“用餐请随意，不妨挑个心仪的房间哦！”经店员一提醒，我索性蹑起脚，饶有兴味地将三个房间都参观了一遍。

2016年开始营业。洋房几乎被常绿的薜荔[1]包拢起来。

1 薜荔：又名凉粉子、木莲等。瘦果水洗可作凉粉，藤叶药用。

客人可以随意选择房间用餐。“美国洋房”是业主在空军基地周边建造的出租房，虽说房屋在设计上照顾了入室不脱鞋的美式生活习惯，但空间大小还是日式标准。

旧浴室充分展现着洋房的独特魅力。

浴室的存在有力地昭示过去这里确是居住空间。白瓷砖上残留着生锈的喷头，藤蔓正试图从玻璃窗外钻进来，我真想坐进浴缸里安静地读一会儿书啊！

五味先生曾在动物医院工作多年，他想脱离这种肩负重责的忙碌生活，尝试花三年左右的时间，打造一家美好的咖啡馆。为此他东奔西跑，寻找仓库之类的理想场所。遇到这座带庭院的洋房时，他感到“来到这里，所有的人都能感受到幸福吧！”于是便签了合同。据说洋房在美军人员撤走后，先变成了摄影工作室，然后就空置了。

五味惠说："咖啡的美味不能仅靠咖啡自身来实现，还要在特定的时间和空间里品味才能留下记忆。希望大家能轻松享受在洋房里度过的时间。"

menu （含税）

美式咖啡 400日元
自家制姜汁苏打饮料 500日元
布丁 350日元
黄油吐司 200日元
D-13咖喱 800日元

武藏野 Hakenomori咖啡馆

东京都福生市福生2219-D-13
电话：042-840-9873
08:30—20:00（周日08:30—18:00）
周四休息（节假日营业）
JR"东福生"站下车，步行4分钟。

"说到改建，高山夫妇给予了莫大的帮助。他们长期收集旧洋房的建筑材料，已累计修补房屋二十多户。他们还教我与洋房的相处之道。看来房屋的很多魅力，唯有长久住下去才能领会啊！"

高山一见到无人打理的破旧洋房，就有不修整不罢休的冲动，他把这解释为"向母亲致敬"。高山的母亲曾在横滨及立川的空军基地供职翻译。在高山幼年时，母亲常给他看基地军官的家族照片，津津有味地讲述和照片有关的故事。

五味夫妇希望洋房不要变成废墟或主题公园，而是通过互动往来融入社区的日常生活。因此，美味的咖啡馆是最好的选择。

图书在版编目（CIP）数据

东京咖啡店的历史与味道：在40座古建筑里喝咖啡／（日）川口叶子著；王筱卉译.—武汉：华中科技大学出版社，2023.6

ISBN 978-7-5680-9328-6

Ⅰ.①东… Ⅱ.①川… ②王… Ⅲ.①咖啡馆－东京－图集 Ⅳ.①F719.3-64

中国国家版本馆CIP数据核字（2023）第053596号

东京咖啡店的历史与味道：
在40座古建筑里喝咖啡

Dongjing Kafeidian de Lishi yu Weidao: Zai 40 Zuo Gujianzhu Li He Kafei

[日] 川口叶子 著
王筱卉 译

出版发行：华中科技大学出版社（中国·武汉）　　电话：（027）81321913
　　　　　华中科技大学出版社有限责任公司艺术分公司　（010）67326910-6023
出 版 人：阮海洪

责任编辑：莽　昱　谭晰月
责任监印：赵　月　郑红红　　　　封面设计：邱　宏

制　　作：邱　宏
印　　刷：北京汇瑞嘉合文化发展有限公司
开　　本：889mm×1194mm　1/32
印　　张：4.5
字　　数：49千字
版　　次：2023年6月第1版第1次印刷
定　　价：89.00元

华中出版

本书若有印装质量问题，请向出版社营销中心调换
全国免费服务热线：400-6679-118　竭诚为您服务